ノンバイナリースタイルブック
山内尚

はじめに

皆さん「服」と
どう向き合って
いますか？
面倒 楽しい
ほどほどに
変じゃなきゃいい
生きがい
興味ない 苦手
私は服がとても
大好きなので
パートナーと
一緒によく
買い物をします
パートナーの
えす子ちゃん
でも昔は何を
着たらいいのか
わからなくて
怖かったし
心地いい服も
見つかり
ませんでした
これなんか
ちがう気がする

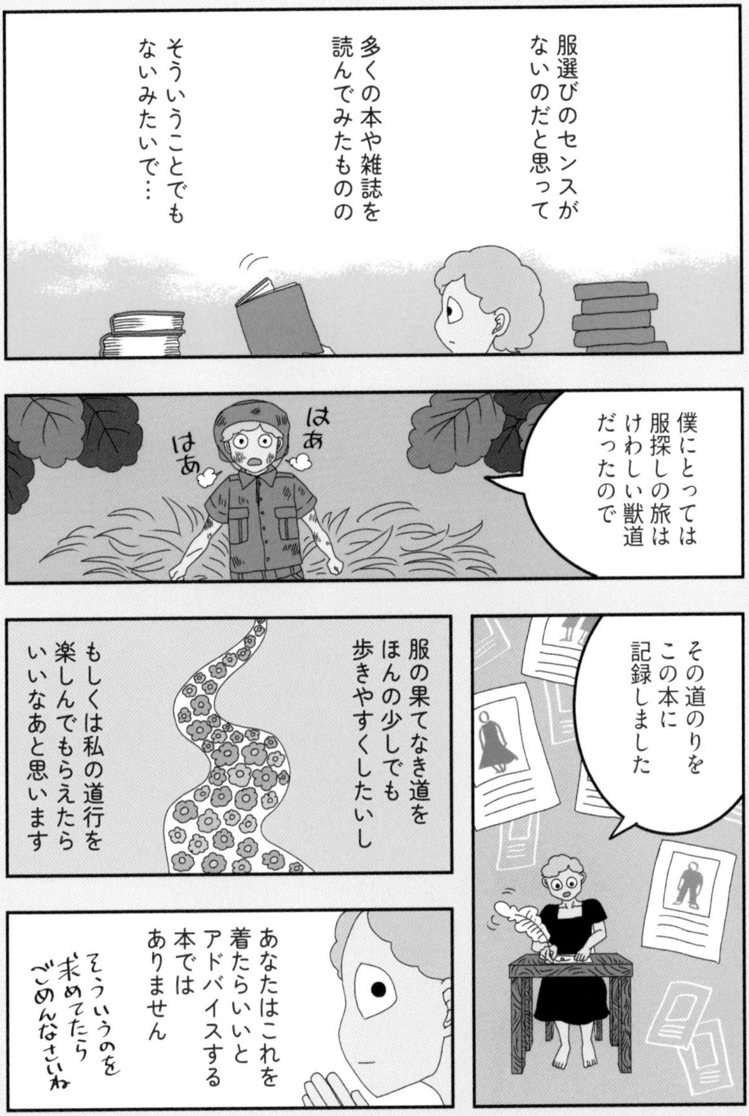
服選びのセンスが
ないのだと思って
多くの本や雑誌を
読んでみたものの
そういうことでも
ないみたいで…
僕にとっては
服探しの旅は
けわしい獣道
だったので
はあ
はあ
その道のりを
この本に
記録しました
服の果てなき道を
ほんの少しでも
歩きやすくしたいし
もしくは私の道行を
楽しんでもらえたら
いいなあと思います
あなたはこれを
着たらいいと
アドバイスする
本では
ありません
そういうのを
求めてたら
ごめんなさいね

僕は自分のことを男性・女性のどちらとも思っていません
服はいろんなの着てます
男女二元論で説明しきれる性別ではないので〝ノン〟バイナリーと言います
Non-binary
ノンバイナリーと一言で言っても
そのなかにはたくさんの在り方があります
詳しい話はあとでするとして
よいせ
詳細

さっきから一人称がぶれているのにお気づきになりましたか
服だけでなく
マンガ
たいていは〝私〟と〝僕〟とをふらふらしています
普段仕事などで話しているときは「私」が多くて
自分の家の中ではたまに「僕」です
それが私には心地よくて
性別の海をたゆたうように生きています
…そろそろ服の話に戻りましょう
ページ配分よ…

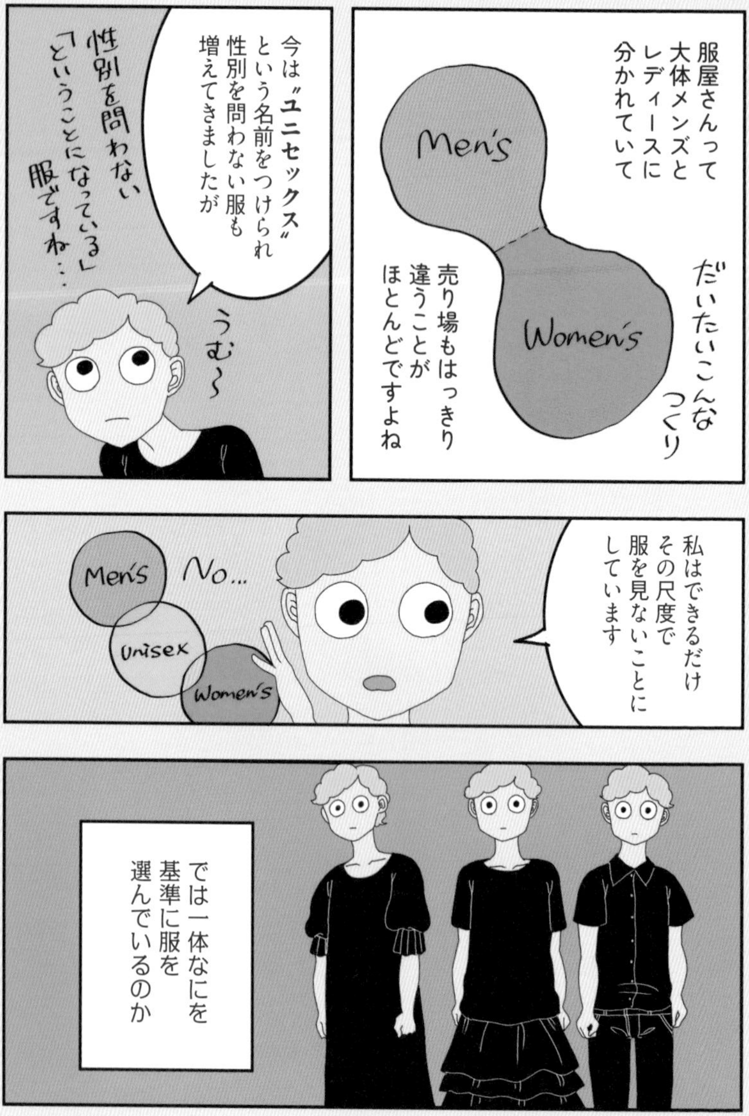
服屋さんって
大体メンズと
レディースに
分かれていて
Men's
Women's
だいたいこんな
つくり
売り場もはっきり
違うことが
ほとんどですよね
今は〝ユニセックス〟
という名前をつけられ
性別を問わない服も
増えてきましたが
うむ〜
性別を問わない
「ということになっている」
服ですね…
私はできるだけ
その尺度で
服を見ないことに
しています
No…
Men's
Unisex
Women's
では一体なにを
基準に服を
選んでいるのか

それは……
どれだけそれが
ロマンティックで
僕のことを心底
揺さぶって
くれるかどうか

そんな服たち
との暮らしを
お届けします

ノンバイナリースタイルブック　目次

僕／私にとっての「ノンバイナリー」

〝はじめに〟で少しだけ話しましたが、ノンバイナリーについて細かいところを話していこうと思います。といっても、言葉の定義はしないことにします。そもそもノンバイナリーという言葉の定義をすることはできないものだと考えていますし、定義をすることで零《こぼ》れ落ちてしまう者たちがいることを忘れたくないと思っています。それでも言葉の説明はある程度必要かと思うので、私が知り得る範囲のお話をしておきますね。

生まれたときに割り当てられる〝性別〟は周囲が勝手に決めるものですが、ジェンダー・アイデンティティは自分で「そう」なのだと確信している〝性別〟のことだと思っています。あなたがもし女性（男性）だと感じていたなら、それがあなたのジェンダー・アイデンティティです。

「女？　男？　どちらなんですか」と訊《き》かれても困ってしまう、または勝手にどちらかに振り分けられて茫然《ぼうぜん》とする、そんな状態に置かれやすい者がノンバイナリーには多いように思います。なぜなら女性と男性、どちらか一方の性別だけだとは思えないから。もしこれを読んでいるあなたが、いままでの経験でそんな方に出会ったことなんてない、そんなものは空想上のものなのでは？　と思っていても、あなたの友達の誰か、電車のなかで目が合った誰か、道ですれ違った誰かは、きっとあなたにそれを伝えていないだけでノンバイナリーだと自分のことを考えているでしょう。空想の生き物ではなく、あなたの隣で、この男女二元論的で窮屈な世界を日々生き延びています。もしくはあなたもまた、私と同じノンバイナリーなのかもしれませんね。

ノンバイナリーたちはつまり男女どちらでもないんだね、というわけでもありません。もちろん男女のどちらでもないと感じる者もいますが、性別そのものがないと感じる者もいますし、男女のどちらでもあると感じる者もいます。また、男女の中間にいると感じる者もいれば、その比率が男女のどちらかにより強く振れている者（静的な性別を持つ者）もいますし、性別が揺れ動く者（動的な性別を持つ者）もいます。静的な性別と動的な性別が同じ者のなかに同時にある場合もあります。自らの性別が人間という器には入らないと感じる者もいます。人間という器には入らない者たちがいるために、私はここまでの文章とここからの文章で、自分や相手が自らを人間であると認識していることが確実な場合を除いて、出来うる限り「人間」や「人」という言葉を使わないようにしています。と、ここまで読み進めたあなたにはわかっていただけるかと思うのですが、私の知識不足で書き切れていないだけで、宇宙に散らばる無数の星々くらい多様な性別がこの世には存在しているのです。

ノンバイナリーとしてどのように過ごしていきたいかは当事者によってさまざまで、ホルモン治療や手術を活用して、より自分の身体を自分にとって心地がいい状態にしたいと考えることもあれば、医療の手を借りずに服で試行錯誤したりメイクなどをしたりすることで折り合いをつけることもあります。もちろん、なにもしなくてもよいと考えている方やさまざまな理由からなにもしないことを選ぶ方もいます。

私はノンバイナリーかつジェンダーフルイドであると自分のジェンダー・アイデンティティを位置付けています。また新しい言葉が登場しましたね。ジェンダーフルイドというのは gender が fluid な状態である、つまりジェンダー・アイデンティティが流動的な場合のことを指します。これはあくまでも私の例ですが、誰と会うのか、どこへ行くのかにも左右されつつ、自分の性別がそのときどきで移り変わっていきます。一日のなかで変わるときもあれば、数日ほど同じような場所にいることもあります。本当に気まぐれで制御不能のジェットコースターに乗せられているような気分になることもしばしばです。医療の手を借りて自分のなかにある自分自身の身体との噛み合わなさをどうにかしようと考え、一旦は、このジェットコースターはホルモン治療にも手術にも耐えられそうにないと判断しました。なぜならホルモン治療や手術による変化は不可逆で、私の内側のうねりに馴染《なじ》まないと思っていたからです。そんな私ですが、ついに手術を受けました。それでもジェットコースターは相変わらず動き続けているため、私は今日も服という着脱可能な道具を使って自分の内なるジェットコースターと付き合っています。メイクも一役買ってくれています。

ノンバイナリーという言葉に少し馴染みが出てきたでしょうか。もしかしたら普段からたくさん使っている言葉だからいまさらかも。これからこの本を読み進めていただく上でのちょっとした準備運動になっていますように。

春夏

イオンで買った
カラーサングラス
UNIQLOで
投げ売りされていた
派手シャツ
UNIQLOの
スキニーパンツ
大学生のときに
近所のショッピングモール
で買ったサンダル

家から少し歩いたところにあるショッピングモールに行って買い物するための服装です。金髪にしたことだし眉毛もブリーチしたので、ガラの悪い恰好をしたいと考えていたらこうなりました。シャツの青とサングラスの色が合っているところがポイント。この頃は漫画の賞をとるために必死になって漫画を描いていました。当時の家は海に近くて磯の匂いがするのが良いところで、休憩の度に窓を開けてはのんびりしていました。

2018.08.11

ブリーチをするたびにガラが悪そうな恰好をしたくなる癖が出ます。なので、ピアス以外はオールブラックにして、髪の毛をジェルで後ろに流しました。爽やかさゼロ！ この恰好でFABRIC TOKYOのメンズスーツ採寸会に行ってきました。漫画家になってしまったのでスーツはこのとき仕立てたパーティ用の一着しか持っていないのだけれど、普段着用にもう一つあってもいいかなあ。だめか……？

春
夏

2019.08.26

根元まで金に
染めていたのが
伸びてきた
AMBIDEXの
系列のお店で
買った白シャツ
タグに「15」と
あるけれど、
その意味は
分かっていません
どこの古着屋さんで
買ったかすっかり
忘れたスカート
靴下屋で
手に入れた靴下
eccoの
らくらく靴

スカートに緑が少し入っていたので、同じような色をした靴下を合わせてみました。この白いシャツは素敵なのだけれども、身体のラインを拾ってしまうのでバインダーで胸をつぶす工夫をしながら着ていました。靴は安定の黒です。基本的に自分は髪が黒いので、黒い靴を合わせておくとどんな服でもバランスをとりやすいのです。頭のてっぺんと足の先が同じ色だと他でやんちゃをしてもいい感じになる気がします。

2020.09.22

←Barairo no Boushi のカワイイ笠
ピアスは作家さん手作り
代官山SLOWという古着屋さんで見つけたもの 元々はセットアップではなかったらしい
靴下屋のレギンス 厚すぎないところがgood
repettoのセール品の靴 金ピカで景気が良い

パートナーと中華料理を食べに最寄りの都会まで行きました。そういえば被っている笠、めちゃくちゃ最高なつくりじゃありませんか……？ Barairo no Boushi という一押しの帽子屋さんのものです。絵だと見えにくいのですが、垂れ下がった緑のオーガンジーの縁にはビーズが縫い留められています。ものすごい手仕事にメロメロになるしかない。このブランドがあるおかげで、どんどん家に最高な帽子が増えていっています。帽子富豪。

ジェルで
オールバックに
作家さん手作りの
ベルベットリボン
チョーカー
Desigual.の
フェイクファー
ジャケット
もけもけで
温かいです
Bijumamの
指輪
おそらく表参道の
SLOWで
見つけたスカート
使い勝手がよい
靴下屋で
見つけた
カラータイツ
eccoの
スポーティーな靴

この日はおそらく涼しかったのでしょうね。このアウターは見た目に比べて防寒性がすごく高いとは言いにくいものの、それなりにしっかりと身体を温めてくれるフェイクファージャケットです。裏地はつるつるした布地で作られています。チョーカーが大好きなので、このときはこれだけしかなかったのに、今はこのチョーカーを入れて五つは持っています。首がたくさん欲しい。

2022.04.20

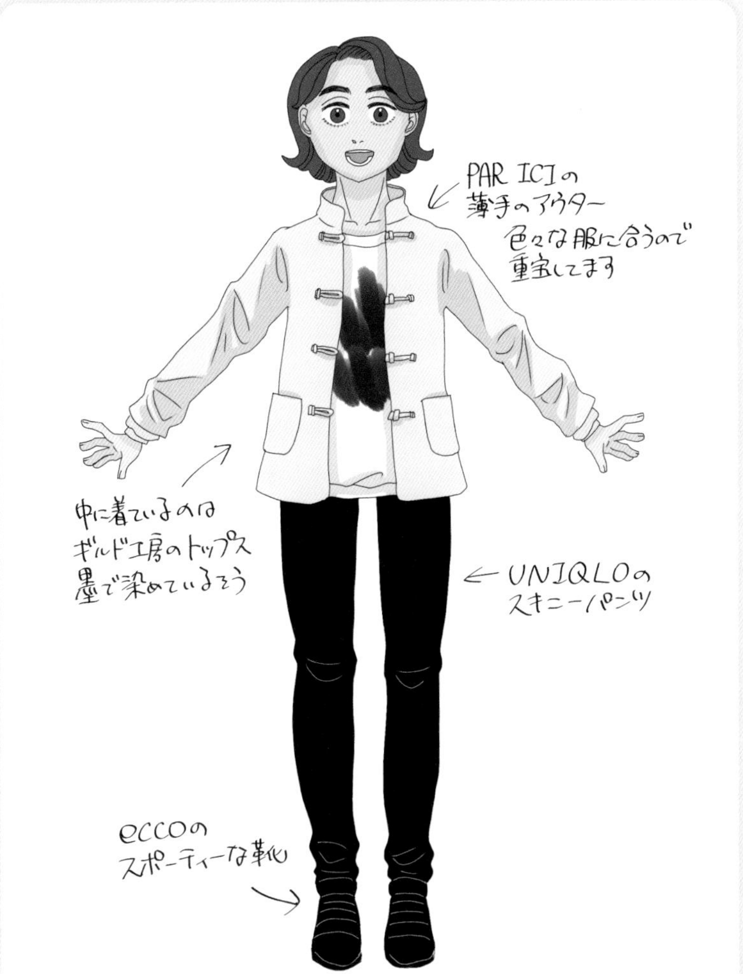
PAR ICIの
薄手のアウター
色々な服に合うので
重宝してます
中に着ているのは
ギルド工房のトップス
墨で染めているそう
UNIQLOの
スキニーパンツ
eccoの
スポーティーな靴

画家と某チョコレート屋の店長という組み合わせの友達カップルと一緒にご飯を食べたときの装いです。先方がたいへんにおしゃれな人たちなので、モリモリに着飾るというよりも、この密やかなおしゃれを見てくれ、という気持ちで向かいました。ちなみにご飯はおいしいガレットです。なんだかこの時期は仕事だけじゃなくて同人誌も描いたりしていてえらく大変だったのを覚えています。

春
夏

2022.04.24

母親のお下がりの
イヤリング
ビー玉が2つ
連なっているみたい
表参道の古着屋
SLOWで
見つけた
セットアップ
靴下屋の
ピンクの靴下
CAMPERの
白い靴

どこに行くのかと尋ねられても「すぐ近所ですぅ〜」と返事をするしかないときがあります。この日もそうでした。私もパートナーも、近所に出るだけであってもなんだかやたらに派手な服を選んでしまうのです。ちなみにこのセットアップは生地がたいへん薄いので中にレギンスをはく必要があります。こんなにも「夏！最高！」という見た目をしているのに、夏の盛りには着るのがためらわれる一着。

2022.04.30

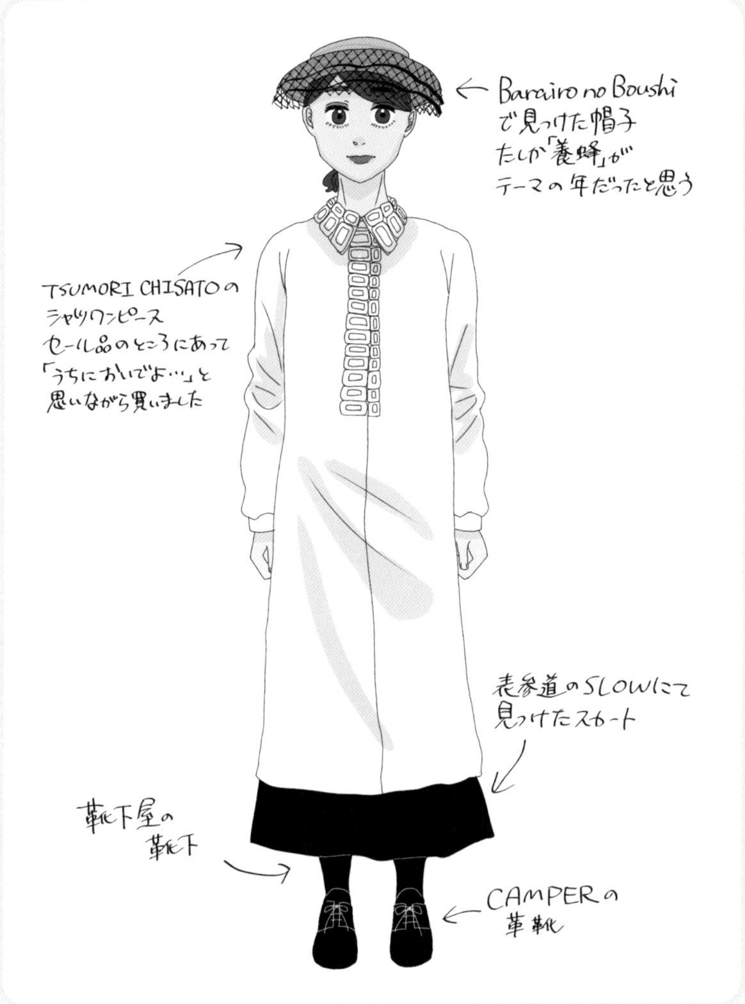
Barairo no Boushi
で見つけた帽子
たしか「養蜂」が
テーマの年だったと思う
TSUMORI CHISATOの
シャツワンピース
セール品のところにあって
「うちにおいでよ…」と
思いながら買いました
表参道のSLOWにて
見つけたスカート
靴下屋の
靴下
CAMPERの
革靴

アフタヌーンティーに行ったときの装いです。アフタヌーンティーって、もしかして、この年齢になってくると、たいへん？と初めて思った日でした。食欲の減退が悲しい。TSUMORI CHISATOのシャツワンピースは襟のところが変色してきているのでそろそろ黒に染めてもらおうかしら、と思っているところです。他にも白いブラウスが大量に我が家にはあるのですが、それらと一緒に出そうかな。

2022.05.18

表参道SLOWにて
見つけたワンピース
ヨーロッパのものかと
思いきやハワイのもの
花柄がすてきすぎて
一秒で買うことを
決めた
repettoの
金の靴

2021年7月に坊主頭にしてからこんなに伸びたのだなあと記録用の写真を見て思い出していました。理由は「さすがにこの髪型にすれば、私のノンバイナリー的なところや性別違和について、その相手が誰であれ伝わるだろう」ということだったのですが、メンズコスメのショップでミスジェンダリングをされて大きなショックを受けたことから、逆に伸ばしてやれ、と思い今も伸ばしています。現在の長さは鎖骨より下です。

2022.06.04

この頃になると
アイメイクという
概念が日常にも
芽生えてきた
TODAY'S SPECIALで
見つけたペイズリー柄
セットアップ
KICS DOCUMENT.
というブランドの
ものらしい
HAUのコート
ミルク色をしたのも
つい使いやすくて
買ってしまいました
靴下屋の
靴下
さりげなく
ラメラメ
CAMPERの
革靴

近所の都会に遊びに行ったときの服がこちら。このペイズリー柄のセットアップは本当に重宝していて、初夏から晩夏にかけてよく着ます。この頃は体調がよくなかったらしく、記録を見たら「パートナーのえす子さんからドクターストップがかかり一週間自主的に休むことになった」と書いてありました。仕事に対してひたすらに励む、という のが元々できない性格なのもあり、この休暇には助けられました。

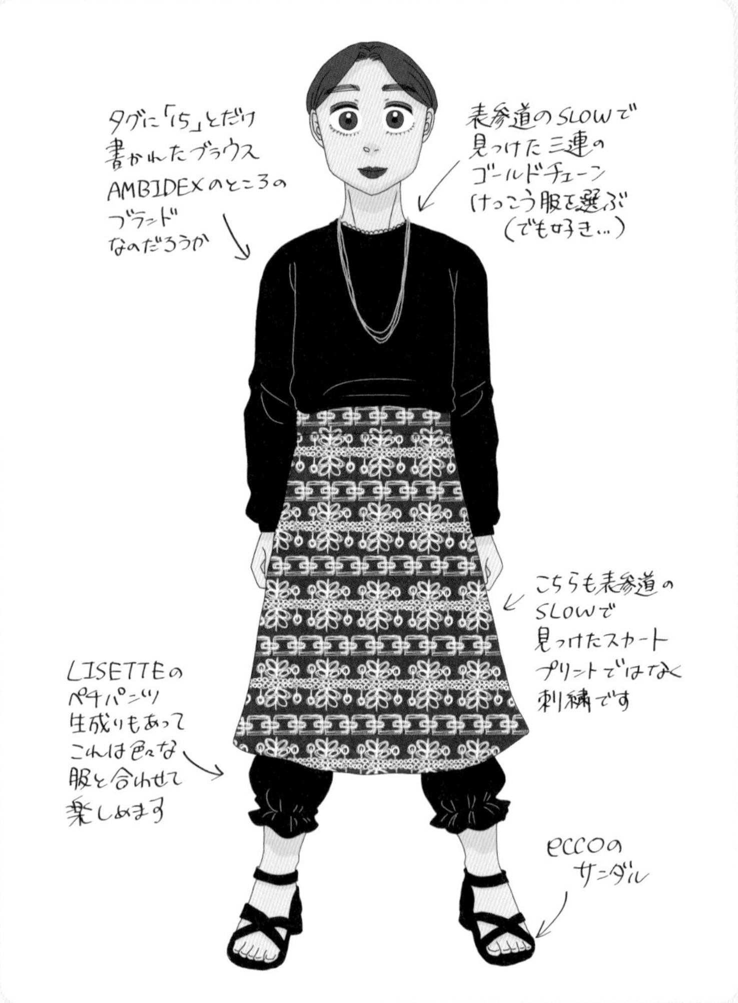
タグに「15」とだけ
書かれたブラウス
AMBIDEXのところの
ブランド
なのだろうか
表参道のSLOWで
見つけた三連の
ゴールドチェーン
けっこう服を選ぶ
(でも好き…)
こちらも表参道の
SLOWで
見つけたスカート
プリントではなく
刺繍です
LISETTEの
ペチパンツ
生成りもあって
これは色々な
服と合わせて
楽しめます
eccoの
サンダル

鎌倉に遊びに行ったときのお洋服。鎌倉駅から長谷《はせ》駅までの距離なら歩いていくことにしています。この日はパートナーも赤を基調とした服を身に纏って、うきうきしながら二人で歩きました。長谷のほうに歩いていく途中で、ケーキが名前ではなく番号で名付けられているお店があることを知っていたので、この日もそこへ入りました。“スカート”のかたちをしたもの、誰だってはける世の中がいい。

2022.06.17

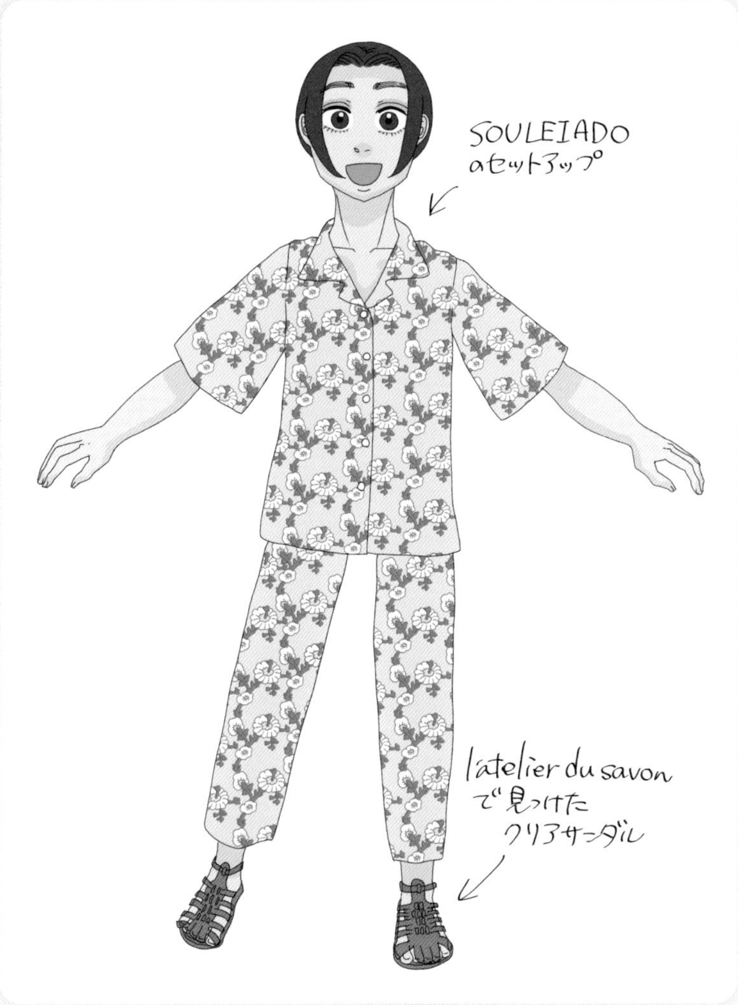
SOULEIADO
のセットアップ
l'atelier du savon
で見つけた
クリアサンダル

一目ぼれして買ったピンクのクリアサンダルは、フランスから輸入したものらしく、小さい頃に買ってもらったおもちゃのシンデレラの靴に似ています。あの靴がよく靴擦れしたように、この靴も遠くまで歩いていくにはあまり向いていないつくりになっています。「パジャマみたいだねえ」とよく言われるセットアップにあわせると、たいへんリラックスしたスタイルになります。よき組み合わせ。

春夏

2022.06.19

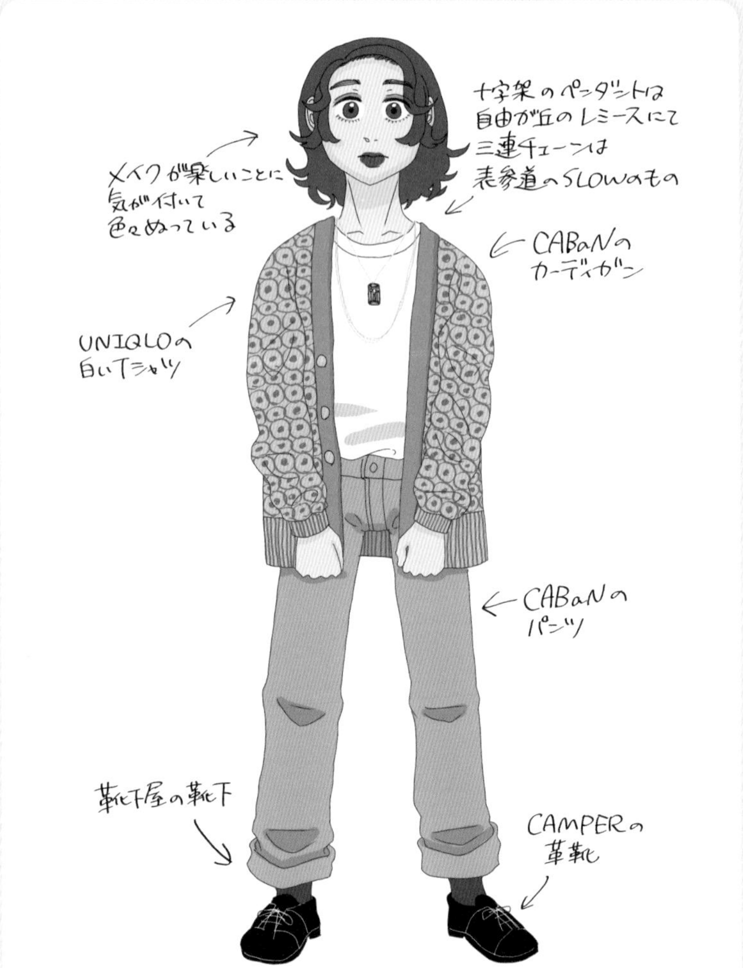
十字架のペンダントは
自由が丘のレミースにて
三連チェーンは
表参道のSLOWのもの
メイクが楽しいことに
気が付いて
色々ぬっている
CABaNの
カーディガン
UNIQLOの
白いTシャツ
CABaNの
パンツ
靴下屋の靴下
CAMPERの
革靴

カラフルな服を着たくて全体に色を散りばめました。色がたくさんあっても明るさや鮮やかさのトーンがあってさえいれば何色でも入れて良い派です。ペンダントに合わせてリップを鮮やかな色にしています。色には力があると思っていて、気持ちを奮い立たせたり、落ち着かせたり、楽しくさせたりする必要があるときにはいつも以上に意識して選んでいます。この日は楽しくなりたい日でした。

2022.06.25

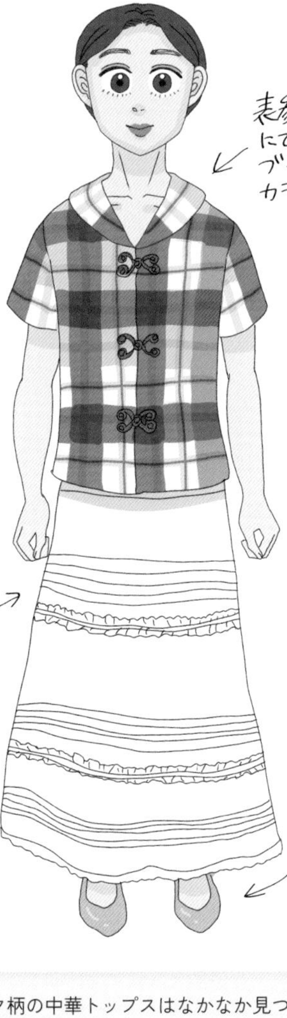
表参道のSLOW
にて見つけた
ブラウス
カラフルでかわいい
Dot and Stripes
CHILD WOMAN
で見つけた
スカート
長いのでしばしば
裾を踏む
repettoの
金色の靴

この配色でチェック柄の中華トップスはなかなか見つからないので、見つけたときについつい買ってしまいました。生地がしっかりと織られていて、縫製や飾りも控えめながら美しく、作り手の仕事の丁寧さを感じます。ちょうど投票日で、性別をいちいち詮索されることが煩わしいという気持ちもあり、“どちら”として存在しようとしているかわかりやすい洋服を選びました。そんなことをしなくても済む世界が早く来るようにしたいですね。

春夏

2022.07.10

渋谷で買った
ヴィンテージの
イヤリング
tahlia store
で見つけた
首飾り
yuniの
ワンピース
tahlia storeで
見つけた黒いベルト
表参道の古着屋
SLOWで見つけた
バングル
LISETTEの
ペチパンツ
eccoのサンダル

なんだかシャーマンみたいになる日、ありませんか？ 皆にあると信じたい。そういう日はなぜか選ぶアイテム全てがことごとく一直線にそちらの方向に運んでいこうとするのですが、それに抗う隙もなく時間もなく、なるようになれと思ってそのまま外に飛び出しました。服は直感だと思っているので、きっとこれがこの日の最適解だったのでしょう。黒い紐のベルト、恰好いいのでもっと活用したいものです。

2022.08.17

インドのものを取り扱う中野のお店で見つけたチュニック
Barairo no Boushi のカワイイ笠
ピアスは母親のお下がりの赤サンゴ
表参道の古着屋 SLOWで見つけたベルト
Dot and Stripes CHILD WOMAN のスカート
repettoの靴

このトップス、とっても透ける素材なのでいつも下にはくものに困るのですが、白いスカートを手に入れていたおかげで楽しく着ることが出来ました。テーマに沿って服を決める行為も愛していますが、どこに属しているのかを考えさせない組み合わせでお洋服を自由に着るのもとても好きです。自分が何を自由に着ることが出来て、何を自由に着られないのか、ということをしばしば考えます。本当は全てが自由なはず。

春夏

2022.08.24

原宿のCHICAGO
で見つけた細身の
ワンピース
表参道の古着屋
SLOWで見つけた
ベルトです
靴下屋の靴下
CAMPERの靴

このワンピース、タイトすぎて家で脱ぐときに破ってしまったんですよね……。ワンピースやスカートを自分のものとして着ることを許せるようになったのはいつからだったでしょう。今でもたまにふっと「これを着ているから女性だと思われるのだ」という気持ちになることがありますが、そんなときは友達が「お洋服に性別なんてない」と言い切ってくれたことを思い返します。この考え方、大好きです。

2022.09.17

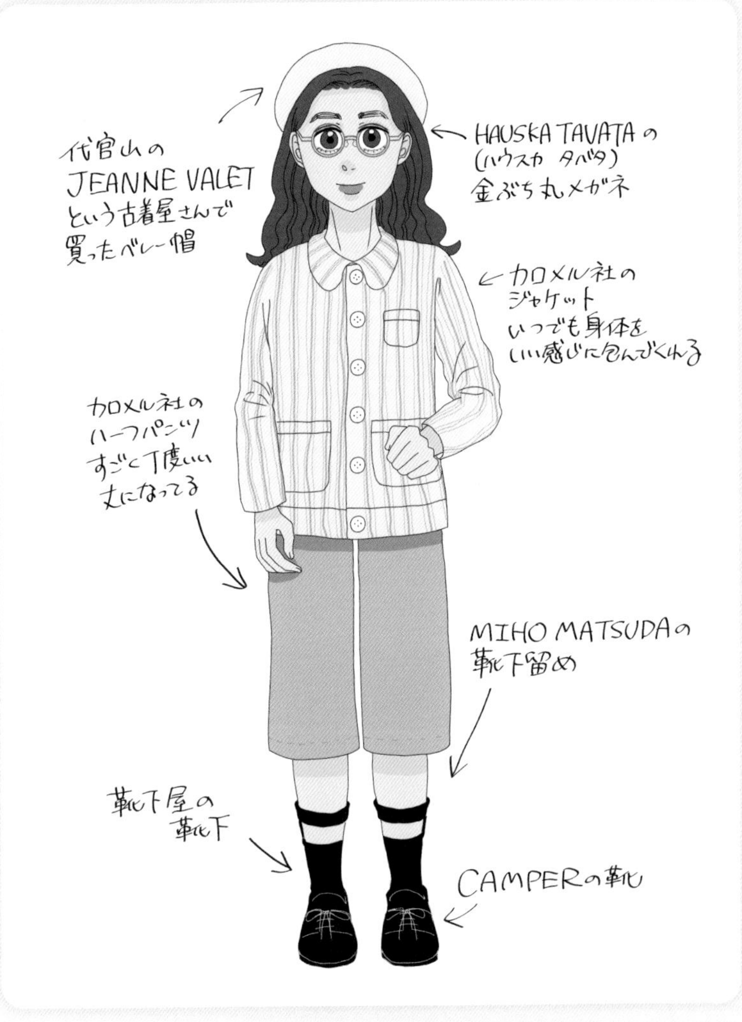
代官山の
JEANNE VALET
という古着屋さんで
買ったベレー帽
HAUSKA TAVATA の
(ハウスカ タバタ)
金ぶち丸メガネ
カロメル社の
ジャケット
いつでも身体を
いい感じに包んでくれる
カロメル社の
ハーフパンツ
すごく丁度いい
丈になってる
MIHO MATSUDAの
靴下留め
靴下屋の
靴下
CAMPERの靴

カロメル社さんのお洋服で身を固めてロリィタ関連のイベントへ。こういった装いは“少年装”と呼ばれることもあります。気分は寄宿舎から麓の街まで一週間ぶりに買い物に出かける本好きの少年。きっと彼はこの前買った本を読み切ってしまって、図書館には並ばない少し背伸びをした本を再び買うのでしょう。癖でつい着ている服と自分自身の設定を作り込むところがあります。楽しいので皆さんも、ぜひ。

春夏

2023.04.08

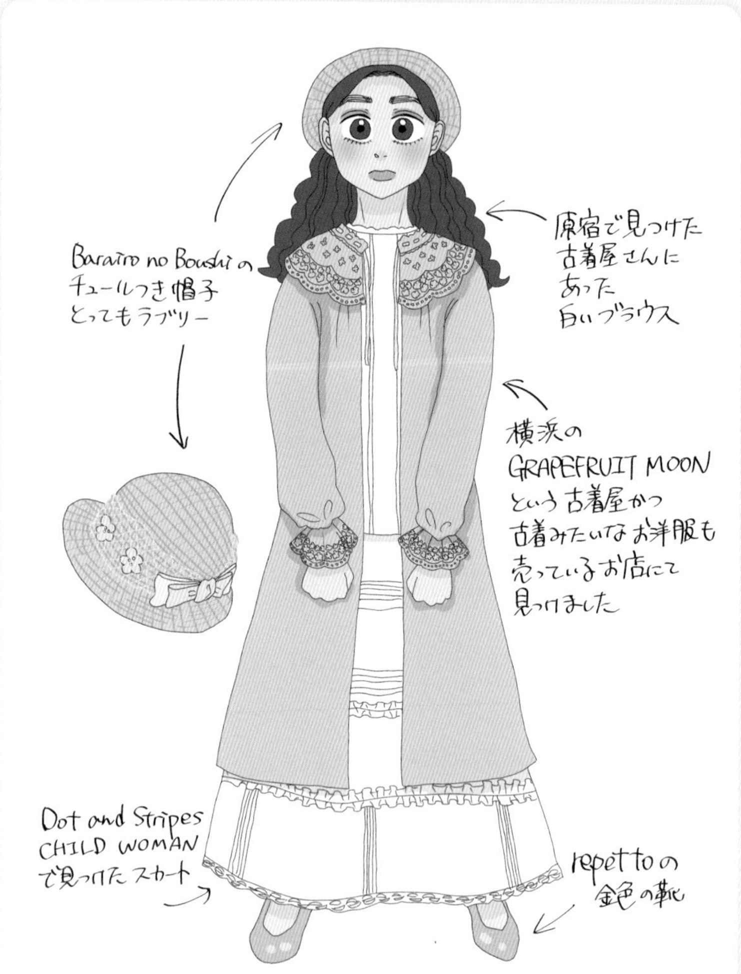
Baraïro no Boushi の
チュールつき帽子
とってもラブリー
原宿で見つけた
古着屋さんに
あった
白いブラウス
横浜の
GRAPEFRUIT MOON
という古着屋かつ
古着みたいなお洋服も
売っているお店にて
見つけました
Dot and Stripes
CHILD WOMAN
で見つけたスカート
repetto の
金色の靴

近くの公園に少し遅めのお花見に行きました。桜を見に行くということで、気合いを入れてピンク色を身に纏うことに。羽織っているピンクのアウターは、ナイティーといって本当は自宅で着るためのもの。古着屋さんで天井近くにディスプレイされていたものをお願いしておろしてもらい、試着したら身体にぴったり！ オーガンジーの透ける生地感が春らしくてすてきだなと思っています。ラブリーなアイテムへの愛、止まりません。

2023.04.16

表参道のgiletにて
(古着屋) 見つけたもの
CABaNの
パンツ
CAMPERの
革靴

ちょっとぴりっとした服が着たいけれど、そして楽もしたいけれど、ロマンチックを捨てたくない日の装いです。近所のお店に行くだけだったのですが、紫で統一したメイクをして、紫の中華ジャケットを羽織りました。このジャケットは温かくもなく涼しくもないため、着られる季節が限られており、コーディネートの難易度がかなり高めです。パンツをはき心地のよいものにすることで楽をしました。

2023.09.23

アクセサリーたち Accessories

アクセサリーは派手に身体を
仕上げていくためには必須！！
派手にするためだけではなくて、
お守りがわりにもなります。
身体を飾るって魔除けみたい。

Lagimusim

ビーズをチュールでくるんとくるんでいる首飾りです

色違いのおそろい同士

ruby Blossom

"王国の指輪"という名前の大ぶりで華やかなリング

BALMAIN

ごつくて最高

?

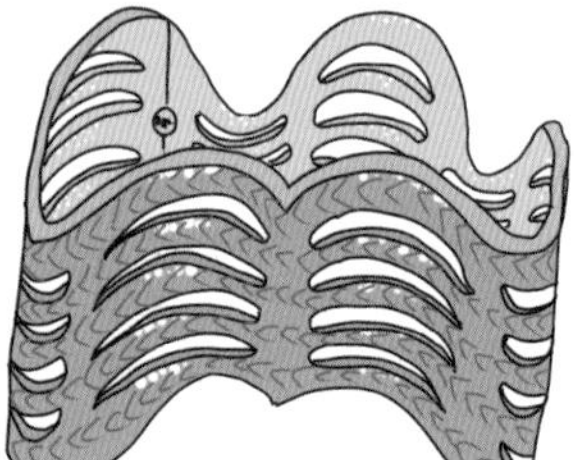

波打つようなバングル

表参道のSLOWにて発見しました。かっこいい!! ヴィンテージ大好き!!

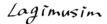

Rings

① Biju mamの
カーネリアン

② 母親のお下がり
パールとたぶんルビー

③ アートスティーレという
作家さんのもの
アクアマリン

④ 新宿で手に入れた
ヴィンテージ. ジェード

⑤ 西洋民芸の店グランピエ
にて. ブラスです
もともとは足用のリング

Earrings

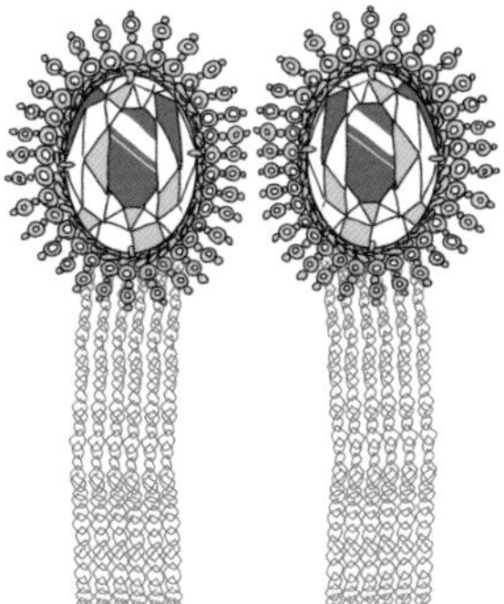

seaTA Antiqueで
手に入れた
ヴィンテージ

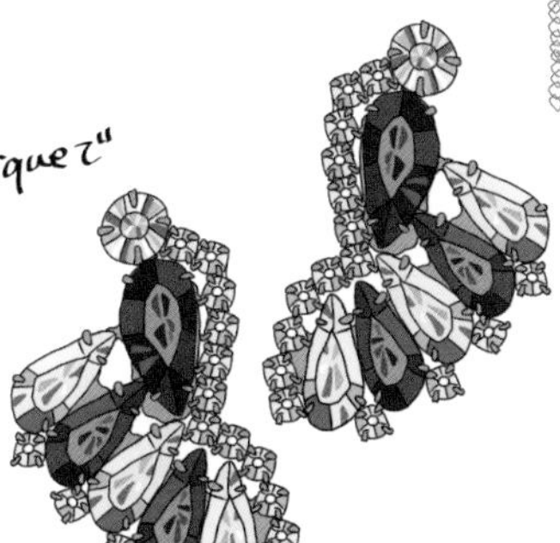

GROSSEの
ピアス
とても繊細な
つくりをしている

ノンバイナリーにとっての服
——忘れられないひと言

注意：この章にはノンバイナリーに対する他者からの差別的な発言があります

僕は小さい頃、服がとても好きでした。母親が買ってきてくれたものをじっと眺めては、自分の好きな色の組み合わせを見つけて着る遊びを楽しんでいました。少なくとも好きなコーディネートというものは存在していて、そしてそれを着た僕は、まだこの世を知らないために自由でぴかぴかと輝いていました。もちろん好きではない服もありましたが、たいていはなにを着ても自分だったし、それを疑ったことなんて一度もありませんでした。

いつから服を着ることに戸惑ったり苛々《いらいら》したりするようになったのかを考えていたのですが、きっとそれは制服を着るようになってからです。僕が通っていた頃の中高一貫校では、スラックスやスカートの自由選択の権利は遠く、決められた恰好をしていなければ怒られたものでした。髪にも決められた様式が存在しました。また、共学だった僕の学校内では異性愛規範が強く、男らしく／女らしくなければ嘲笑の的《まと》になると決まっていました。僕は笑われたくなかったので、制服が着られないときはこわごわと無難な服を着て（いま思うと無難とは思えないのですが）、大人しく隠れていようと思いました。しかし、高校三年生の文化祭の日に僕は羽目を外すことになります。ハレの日特有の浮かれた空気にのせられて、初めて着たことがないほうの制服を同級生から借りて袖を通したのです。その瞬間ぱちんと僕を覆っていた不機嫌は吹き飛び、あの、自由で輝いていた日々を思い出しました。自分の性別と服について、しばしば思考のなかに潜《もぐ》るようになったのはそのときからだったと記憶しています。

大学に入ってから服に対する本格的な探求が始まりました。蕎麦《そば》屋でのアルバイトを始めた僕の手元にはお金が少しずつ入るようになってきたのです。ベージュのチノパンに白いシャツをあわせて紺色のカーディガンを羽織《はお》り茶色の革靴を履くのは心地よく、淡いピンクの地にターコイズブルーやブラウンの線で幾何学模様が入ったノースリーブワンピースにブラックのレギンスとパンプスを合わせるのもまた、僕にはよく似合いました。この頃には僕の恋愛対象は女性であるという確信を抱くようになっており、いまは家族として共に暮らすパートナーと付き合いだしました。彼女は僕に古着の魅力をこれでもかというほど教えてくれて、僕はかわりに配色のこだわりを共有しました。お金がない学生同士がデートをするなかで編み出したのは、古着屋や服屋をはしごしてとにかく歩き回るという遊びでした。この遊びをしていくうちに段々とロマンティックな服を見つける嗅覚を鍛えることとなり、いまのようなコーディネートを楽しむようになります。

大人になってからですが「ノンバイナリーの人は男女どっちでもない＝いつもジーンズとTシャツを着てるものなんだと思っていた」と言われたことがあります。もちろん前後に「いまはそうではないと知っているけれど」「反省しています」というような言葉はついていたのですが、ああ、そう思われていたのだな、と思ったらなかなか忘れられなくて、いまでも服を選ぶときにふわっと思い出します。僕が出会ってきたノンバイナリーたちを思い返してみると、そんなにコトは単純ではなくて、もっと複雑なように思われます。

ノンバイナリーにとっての服ってなんなのでしょう。もちろん個々の考えが異なることは前提として、「ノンバイナリーにとっての服」とは、そのときによって、ノンバイナリーであることを主張するためのプラカードであり、自分を〝ふつう〟の人たちのなかに隠すための木《こ》の葉であり、自分の気持ちを落ち着かせるためのお守りであり、日々を暮らしていくなかでの苦しみを生み出す毒薬であったりするのではないかと思います。一筋縄ではいかなくて、でも味方になったらすごく頼もしいやつ、服。

　僕だってこんなふうに服を着てもいいんだよ、と自分に対して本当の意味で優しくなれたのが最近というか、29歳になってロリィタを着ることを自分に許してからなので、服との付き合いって難しいですね。これからも変わるだろうし。それまでも自由に服を着ていたはずだったのですが、いま思えば「そのきれいな服を着ても自分は素敵になれない」と自分で自分を縛っていたところがあったのでしょう。まだまだ僕には開拓できる分野があるとわかって嬉しく思っています。過剰なまでに美しくフリルやレースがひらめく様に高揚《こうよう》するときの気持ちは、文化祭のときに初めて着たことがないほうの制服に袖を通したときのそれにとてもよく似ていたのでした。

おそろい

表参道にある
curious
という古着屋
で見つけた
ナイトガウン
TSUMORI
CHISATOの
シャツワンピース
ブラウスは
Jane
Marpleの
もの
表参道の
SLOWで
見つけた
古着のコート
人権の
話をしよう
私たちに
人権を
セミオーダー
した
スカート
Dot and
stripesの
スカート
靴下屋の
タイツ
repettoの靴
eccoの靴

東京で行われるプライドパレードに参加しなくなって久しいのですが、主催者のひとりがパレード前のインタビューの中で、“「私たちに人権を」というアプローチ” に対して否定的な態度をとっていたことに、驚きそして悲しくなりながらどうにもいられなくなって、即席のプラカードを作って電車に飛び乗ったときの恰好です。会場に行ったところ色々なブースで「お姉さん」と呼ばれ続け、それは苦しく、自分の居場所はここにはないと感じました。

2022.04.22

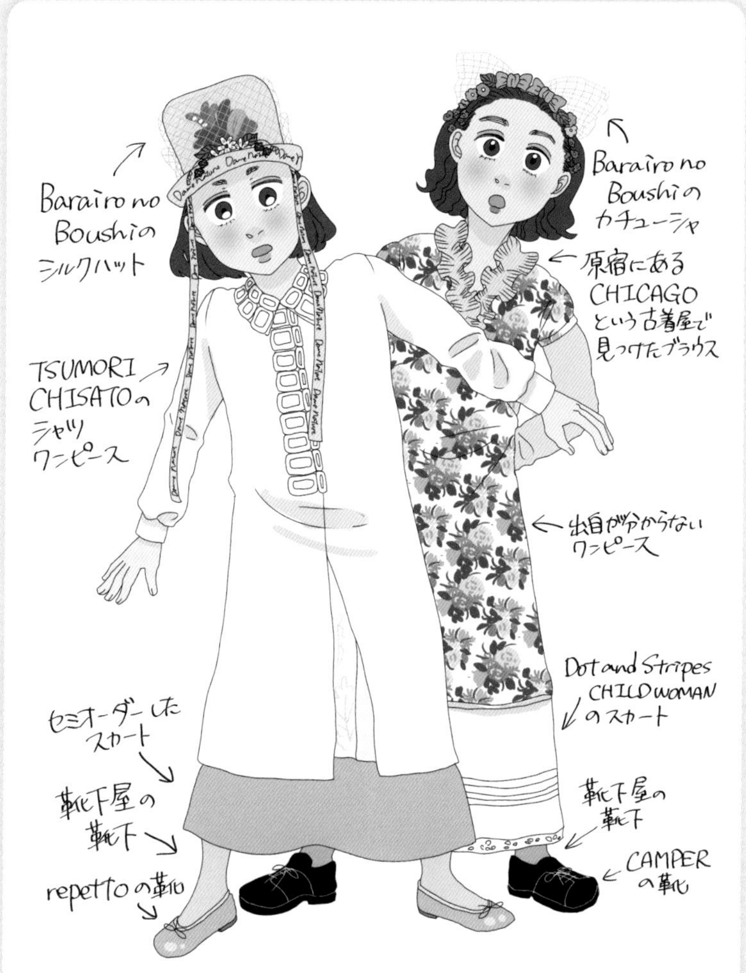

Barairo no
Boushiの
シルクハット
Barairo no
Boushiの
カチューシャ
原宿にある
CHICAGO
という古着屋で
見つけたブラウス
TSUMORI
CHISATOの
シャツ
ワンピース
出自が分からない
ワンピース
Dot and Stripes
CHILDWOMAN
のスカート
セミオーダーした
スカート
靴下屋の
靴下
靴下屋の
靴下
CAMPER
の靴
repettoの靴

おそろい

オリジナルの漫画同人誌を主に扱う、コミティアというイベントの日の装いです。持っていた中で、そのときの気候にも合い、そしてなによりこのときの手持ちの中で一番派手な装いをしました。二人でおそろい感が出るようにそれとなく色のトーンを合わせてみるなど工夫をしています。コミティアは今まで描いてきた漫画の読者さんたちやこれから読んでくださる読者さんや編集者さんたちに会えるチャンス。この日も気合いを入れて臨みました。

2022.05.05

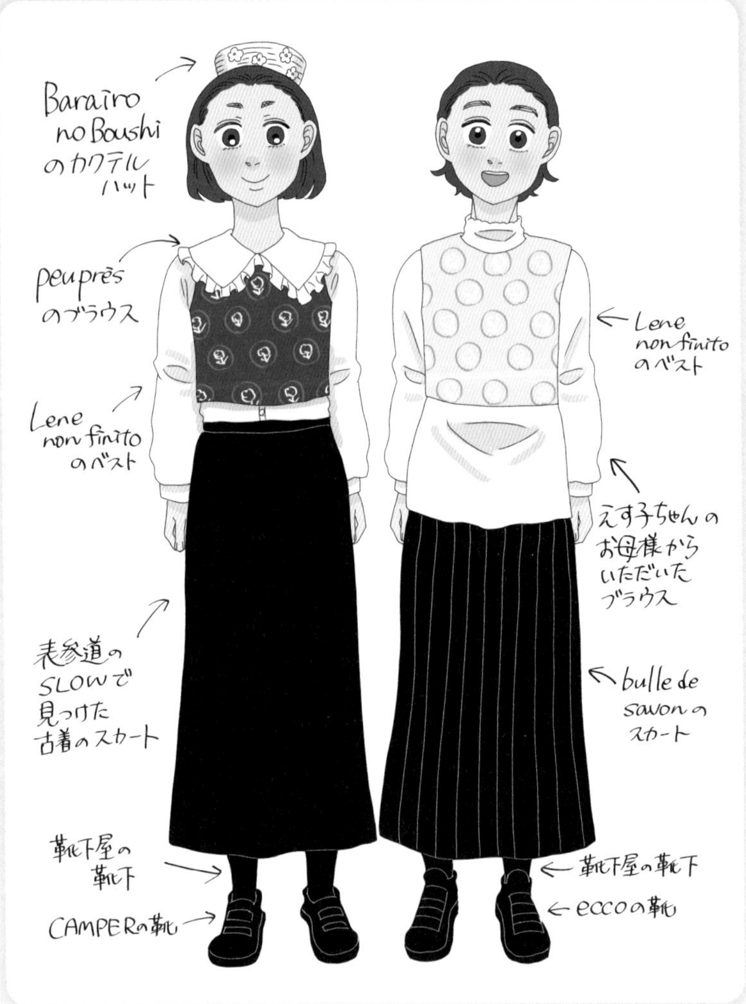

パートナーが女性で自分も“女性”として認識されることが多いと、より“男性”的に見えるほうが日常生活や性的なことにおいて、主導権を握っているような見られ方をするのでとても困ります。なにより他者のそういうことを決めつけるのって最悪……と思ったときのための双子コーデ。こうすることで失礼な目線たちを攪乱できます。色違いのベストはパートナーのお母さまから我々二人へのプレゼントとしていただいたものです。かわいい。

2022.05.11

作家ものの
チョーカー
MARIHAの
ワンピース
repettoの靴
HAUの
セットアップ
インナーは
UNIQLOの
Tシャツ
靴下屋の靴下
CAMPERの靴

のちに我々二人をロリィタの世界に連れて行ってくれた友達に会った日の装いがこちら。その友達と初めて私だけで会ったときはかわいい花柄のワンピースを着ていたので、バランス（?）をとるためにシンプルな恰好をして会うことにしたら、友達から「今日は前（みたいに可愛くて派手な恰好）とは違うんですね……」と悲しそうな声で言われました。それから、その友達に会うときはフリルとレースの世界から会いに行くことにしています。

おそろい

2022.07.24

Barairo no Boushiの帽子
Barairo no Boushiのカチューシャ
GROSSEのピアス
表参道のgiletで見つけたデッドストックの上着
星箱Works七色ワルツのブラウス
星箱Worksのリリアン姉妹シリーズのドロワーズ
星箱Worksの七色ワルツシリーズのスカート
靴下屋の靴下
CAMPERの靴
CAMPERの靴

トークイベントがあったので、真っ赤なアイテムで派手に決めていこうと自分の服を選び、それに合わせてパートナーが服を選んでくれた日のコーディネートです。夜からトークイベントがあるにもかかわらず、対談相手である友達とロリィタ関連のイベントに行きました。この年の8月にロリィタのお洋服を着るようになってから2か月でこれです。「これは我々に必要だ」と思うアイテムを手に入れては踊る日々は最高な気分をもたらしてくれます。

2022.10.08

星箱Worksの
ヘッドドレス
インナーは
UNIQLO
H&Mの
コレクション
ラインのジャケット
星箱Worksの
七色ワルツ
シリーズの
スカート
靴下屋の
タイツ
CAMPERの
靴
Barairo no
Boushiの
カチューシャ
tahlia
storeで
見つけた
古着のコート
ブラウスは
Jane
Marple
MAISON
SPECIAL
のスカート
靴下屋の
タイツ
CAMPER
の靴

目黒寄生虫館に取材に行き、そのあとファッションイラストの展示を観るということで、こんな装いになりました。ロリィタ服を着るようになってから、二人で出かけるときに埋め尽くせる限りの装飾を自分たちに施すようになりました。引き算よりも足し算、足し算だけではなく掛け算も加えています。どれだけ、服を自分のものにして楽しみつくせるのか、という遊びは終わる気配がありません。二人で遊び始めるとなおさら。

おそろい

2022.10.19

Barairo no Boushiの
十六夜バラのカチューシャ
LILY BROWNの
ガウン
Jane
Marpleの
ブラウス
原宿にある
古着屋
CHICAGO
で見つけた
ブラウス
出自の
分からない
ワンピース
セミオーダーした
スカート
靴下屋のタイツ
repettoの靴
靴下屋の
タイツ
CAMPER
の靴

友達二人と我々二人、合わせて四人で鎌倉に遊びに行ったときのお洋服たち。鎌倉文学館で澁澤龍彦の『高丘親王航海記』の特別展が企画されており、小説家の友達は原稿を、編集者の友達はゲラを、私はコミカライズ版の原画を眺めて、ほう、と楽しんでおりました。パートナーは悲しいことに途中で職場の緊急事態によって呼び出されてしまい、その輪に入る前にいなくなってしまっていたのでした。いつかやり直しをしたいですね。

2022.11.13

chisakiの
帽子
スウェットの上下は
Good Onのもの
HAUの
コート
HAUのコート
SM2の
ワンピース
CAMPERの
靴
靴下屋のタイツ
CAMPERの靴

「保護犬と暮らし始めました」と友達がインターネットに写真をアップしていたので一目会いたいと思い、急いで犬支度をして友達が住んでいる街まで遊びに行きました。犬支度とは、犬がどんなにはしゃいでも何があっても大丈夫な装いをすることです。当たり前のことだけれど、もちろん普段遊びに行くときにつけている香水もつけません。温度調節以外すべて犬のためを考えた装いです。でもいつか犬を飼うときはロリィタ服でもお散歩したいな。

おそろい

2022.12.07

星箱Worksの帽子
祖母のお下がりのファー
祖母のお下がりの羽織
Physical Dropのワンピース
靴下屋のタイツ
CAMPERの靴
Barairo no Boushiの帽子
tahlia storeで見つけたコート
代官山の古着屋SLOWで見つけたセットアップ
靴下屋のタイツ
eccoの靴

正月の季節をやり過ごすことは案の定難しいことです。好きなお店は閉じているし、好きな人たちは実家に帰ったり他の人と過ごしているし、好きな場所もなんだかいつもと違ってよそよそしい。そんなときにはあえて、これでもかと正月めいた装いをするといいと思っています。街の雰囲気にのみ込まれるような装いという意味ではなくて、ただ自分たちのためだけの一年のリセットボタンを押すような装いをするのです。

2023.01.02

2人ともカロメル社の
服を着ている
(上下ともに)
MIHO
MATSUDAの
靴下留め
大学生の頃に
買ったサスペンダー
靴下屋の
靴下
CAMPERの靴

少年装というお洋服のジャンルがあります。このジャンルの試みは年齢や性別に関係なく、“少年”というそれぞれの頭の中にある概念に沿った装いを、それぞれのやり方で具現化するところにあります。ですから、少年装と一口に言っても全員が違う小説の中から出てきたかのような仕上がりになるのです。ただし、我が家の場合は二人で設定を作り込むところから始まるので、同じ小説から二人の少年が外の世界へと飛び出します。

2人とも
Barairo no
Boushiの
キャノチェを
被っている
Cyanの
Morning
in the
Pine Forest
シリーズのワンピース
Angelic Prettyの
ワンピース
靴下屋の
靴下
靴下屋の靴下
CAMPERの靴
CAMPERの靴

この日はとにかくBarairo no Boushiのキャノチェをかぶりたくて仕方がない気持ちを装いにぶつけました。キャノチェというのは言葉が違うだけでカンカン帽と同じものらしいのですが、この帽子は一般的なカンカン帽とは趣が異なり、存在感がものすごいことになっています。後頭部にぶわぶわとチュールがついているところとか、誰が考えついたのかしら。本当にBarairo no Boushiの帽子は逸品ばかりであるなあと思います。

2023.09.16

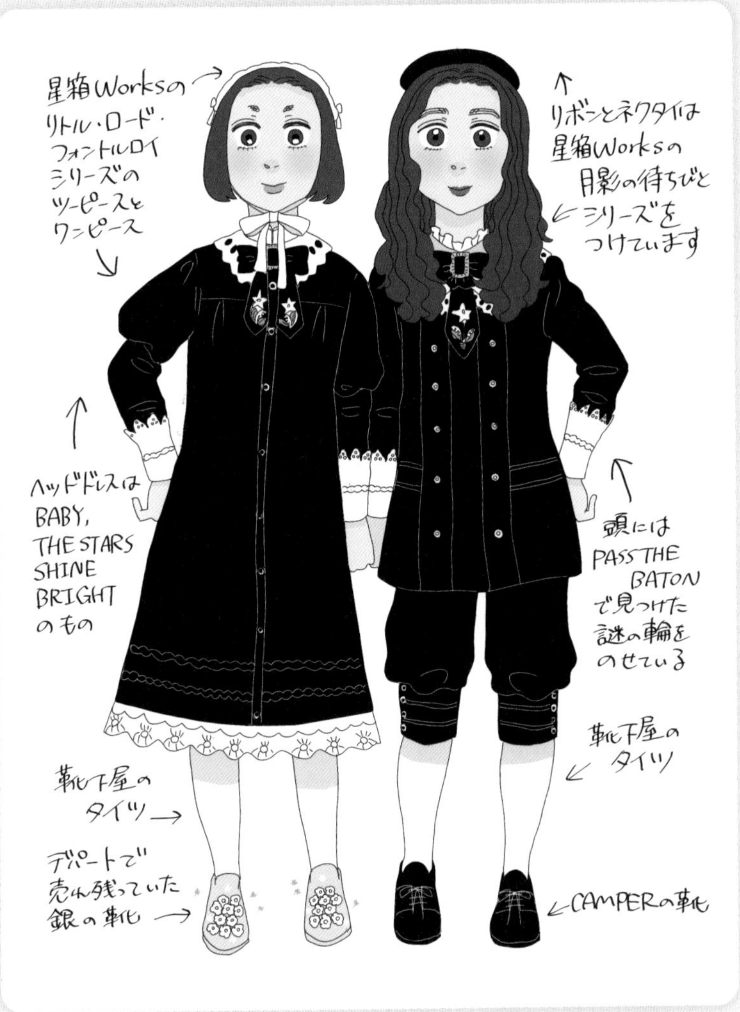
星箱Worksのリトル・ロード・フォントルロイシリーズのツーピースとワンピース
リボンとネクタイは星箱Worksの月影の待ちびとシリーズをつけています
ヘッドドレスはBABY, THE STARS SHINE BRIGHTのもの
頭にはPASS THE BATONで見つけた謎の輪をのせている
靴下屋のタイツ
靴下屋のタイツ
デパートで売れ残っていた銀の靴
CAMPERの靴

おそろい

我々いち押しの脚本と演出のお芝居へ行った日のお洋服です。一緒に行った友達に新しいロリィタ服をお披露目するためだけに着ていきました。胸元につけているリボンとネクタイは、実はお洋服とは違うシリーズのアクセサリーで、ピンで取り外しが可能になっています。この服を着ていたからか、すぐに会場で我々がいることがわかったと話してくれた人もいました。ロリィタ服を着ていると集合するのに便利だし、なにより、おそろいって楽しい。

2023.11.04

Perfumes 香水

香水というものは僕にとっては
身体にふわりと重ねてあげる
ヴェールのような存在です。
気持ちを支えてくれる素敵なもの。
社会と自分を繋ぐ道具のひとつ。

"PASSAGE D'ENFER"※

ユリやインセンスの香りがします
どの香水にするか悩んだときや
ニュートラルな気分で物事に
あたりたいときにはすごく良いです
初めて自信をもって 自分に合う
香りが分かった香水
オールシーズン使っています

"PREMIER FIGUIER -EXTRÊME"※

いちじくのさわやかで甘い香りに
ぐっとくる香水. 夏〜秋にかけて
いちじくの季節が来たなと思うと
思わず手が伸びる一本です
どんな服を着ていても季節が味方!!

"VOLEUR DE ROSES"※

パチュリとバラ!! 大好きな
組み合わせの香りがここに…!!
重ための匂いなので秋〜春に
使うことが多いです
エレガントな装いに
とてもしっくりとなじんでくれます

※L'ARTISAN PARFUMEURの香水

MAYA NJIE "VANILJ"

バニラの香りにカルダモンなどが
入っていてとても美味しそうな香り
淡い色の服を着ているときに
つけたくなるかも…!!
あっでも濃い色でも楽しい!!

LES BAINS GUERBOIS "2015 Le Phénix"

不死鳥という名前がすてき
いい香りの温泉に入ったあとの
湯上がりの匂いだと思っています
これは気持ちが格好良さとか
キメてくかんじを求めているときに
つけたくなる香り

Frassai "ROSA SACRA"

バラとパロサントという香木が
使われている香水
名前は"聖なるバラ"という意味
なんだか気持ちが沈んだり
いやな用事があるときに
使うことが多いです。甘めの香り

パートナーと共に装う
――世界と対峙する方法

私はパートナーのことを世界で一番信頼しています。彼女とは大学生の頃からの付き合いで、10年以上かけてたくさんの時間を共有してきました。一緒に暮らすようになってからは、私が世界とうまくやれなくてぐちゃぐちゃになって布団から出られなくなったときでも、どこかへ消えてしまわないように隣にそっと寝転んでくれたような、そんな人です。彼女と私は背の高さも体型もよく似ています。いつからか彼女とは、共にこの世界に立ち向かうために、お互いに服を共有し、テーマを組み立て、ふたりで外に飛び出すようになりました。

ふたりで服を合わせるときはまず、核になるアイテムを決めます。たとえば私の祖母が持っていた黒地に白と赤の絞《しぼ》りがある羽織を着たいと彼女が決めると、私は隣に立つならどういった服がふさわしいかを考えることになるわけです。色は黒と白と赤のどれかを使うと〝おそろい〟感が出るな、といった具合に。派手な羽織の隣にいるためには、きっと同じくらい派手な装《よそお》いにするのが似合うことでしょう。そして私は数秒ほど頭のなかのクローゼットをざっと見渡して「それでは赤いブルゾンに同じく赤いスカートをはいて黒いフェイクファーのコートを着ていこうかな」と彼女に伝えます。

彼女の隣にいると、私はたいていの場合、どんな服を着ていても、自分が自分のままでいられる気持ちになります。私がなにを着ていようが、ノンバイナリーであるとわかっていてくれる人がいる心強さはなにものにも代えがたいものです。彼女は私がどのような過程を経てノンバイナリーであるというジェンダー・アイデンティティを持つようになったのかをすぐ隣で見てきており、私が苦しさを覚えているときには表情や振る舞いのぎこちなさからすぐにそのことに気がついて「いやだったね」と声をかけてくれます。もちろんその日の私の装いの揺れによって、どうしても着られない服が出てくるときもありますが、ひとりでいるときよりも着ることができる服の幅はひろがります。

ひとりで服を着るときは、その日に行く場所と会う相手と自分のありたい雰囲気のイメージに合わせて組み立てていきます。しかしひとりで服を着るというのはどうにも心もとなく、どこに行く用事であっても、常に緊張するものです。なぜなら私がノンバイナリーであることを知ったうえで接してくれるわけではないことがほとんどだから。

私は長く付き合う可能性が高い相手には自分がノンバイナリーであることを伝えていますが、だいたいは私がノンバイナリーであることを途中ですっかり忘れてしまうか、ノンバイナリーだと伝えてきた人に対してどのように付き合えばいいものかわからずに、ふわっと自分が普段から対応することに慣れている性別の人間として扱うことが多いようです。別に特別なことを求めているのではなく、私が男性か女性のどちらかであるかのように呼んだり決めつけたりすることを避けてほしいだけなので、とくべつお金がかかるわけでもないのですが、しばしば面倒な人間として見られることもあります。私自身、どうやって訂正すればいいのかわからないまま、その状態を受け流してしまうこともあります。

そんななかでパートナーとふたり、この世界と向き合うとき、ひとりでいるときの心もとなさはかき消え、服を着ることの純粋な喜びと、ふたりで〝おそろい〟にすることの楽しさに心は満たされます。そんな無敵な気分でパートナーと共にいるときでも、私は性別を間違えられるということがしばしばあって困惑するのですが、顔を見合わせて眉《まゆ》をくてっと困らせながら「またか〜」という表情ができる人が隣にいるだけで心持ちは違うのです。

秋冬

ピープルツリーで
見つけたピアス
表参道にある
giletで見つけた
はず…
(古着屋さん)
靴下屋のレギンス
VANSの
よくはいていた靴
無印良品の
靴下

知り合いの方の個展を見に行ったときにしていた装いです。この頃は結構生活がかつかつで大変ではあったのですが、自分が出来る範囲で楽しく着飾ろうと思って服を着ていました。この服は淡い黄色のチャイナボタンが美しいところが好きで、なかなか見つからない配色で気に入っています。この頃、髪の毛をすごく短くしていて、それも心地よく感じていました。

2016.10.05

中学生の頃に
買ってもらった
ベレー帽
母親のお下がりの
赤サンゴのピアス
祖母のお下がりの
トップス
祖母のマフラー
祖母か曽祖母の
絞りの羽織り
UNIQLOの
スキニーパンツ
靴下屋の靴下
eccoの
らくらく靴

年始に鎌倉に行っておいしいご飯を食べたり、いろいろなお店を眺めに行ったりしたときの恰好です。なんだかお祭り大好きみたいなビジュアルになってしまったのですが、現実のお祭りは人がたくさんいてしんどいので気分だけそういう感じに。赤と白と黒の組み合わせはエネルギッシュな感じになる上にコーデがまとまりやすいので、季節に関係なく元気を出したいときには使っています。気になった方はぜひお試しくださいませ。

秋冬

2018.01.03

Barairo no Boushi
で見つけた
ロブスターとその他
海のものたちの帽子
中学生のとき
買ってもらった
アウター
UNIQLOの
スキニーパンツ
無印良品の
靴下
VANSの靴

近所のショッピングモールに行ったときの装いがこちら。ひとりで買い物に行くだけだったのですが、帽子でテンションを上げていきました。絵ですべてをお伝え出来なくて申し訳ないのですが、この帽子はロブスターがちりばめられており、買った当初から「このセンス大好き」と思っているお気に入りです。中学生の頃に買ってもらったアウターがこのときはまだ活用されていました。着倒したので現在は手元にありません。

2018.10.24

seaTA Antiqueで
手に入れたヴィンテージ
イヤリング
UNIQLOの
タートルネック
表参道の古着屋
giletにて見つけた
不思議なつくりの
ワンピース…的なもの
UNIQLOの
スキニーパンツ
靴下屋の靴下
CAMPERの
革靴

演劇のワークショップで仲良くなった方と南インド料理を食べに行ったときの服です。この謎のワンピース的なものは、服で性別をぱっと判断されるのが嫌なときに着ることが多いです。他の部分でいろいろジャッジされているのだろうな〜とは思うのですが、着るたびに守られているような気分になります。お守りグッズは多いほうがいいし、自分で理由をつけてお守り感を見いだしてあげられると安全圏が広がる気がします。

秋冬

2022.11.02

← Barairo no Boushi
の帽子
この角度だと見えない
のですが、うしろに
リボンがたくさん
ついています
ロマンチックだ…
首につけているのは
表参道の古着屋
SLOWで買った
ベルトです
← 星箱Worksの
七色ワルツという
シリーズの生成色
ブラウス
星箱Worksの
リリアーヌ姉妹
シリーズのドロワーズ
← 靴下屋のタイツ
お世話になって
おります…!!
CAMPERの
革靴

皇子装というロリィタ服のジャンルがあります。今も迷走しながら自分が皇子装だと思えるものを考えて身に着ける、ということをしています。この日の装いは自分の中でも理想に近いものでした。どんな恰好をするにしろ、やっぱりどうしてもフリルやレースが好きで、それはおそらく自分が小説や映画の中で触れてきた美しいものたちに近づきたいからなのだろう、と思っています。

2022.11.11

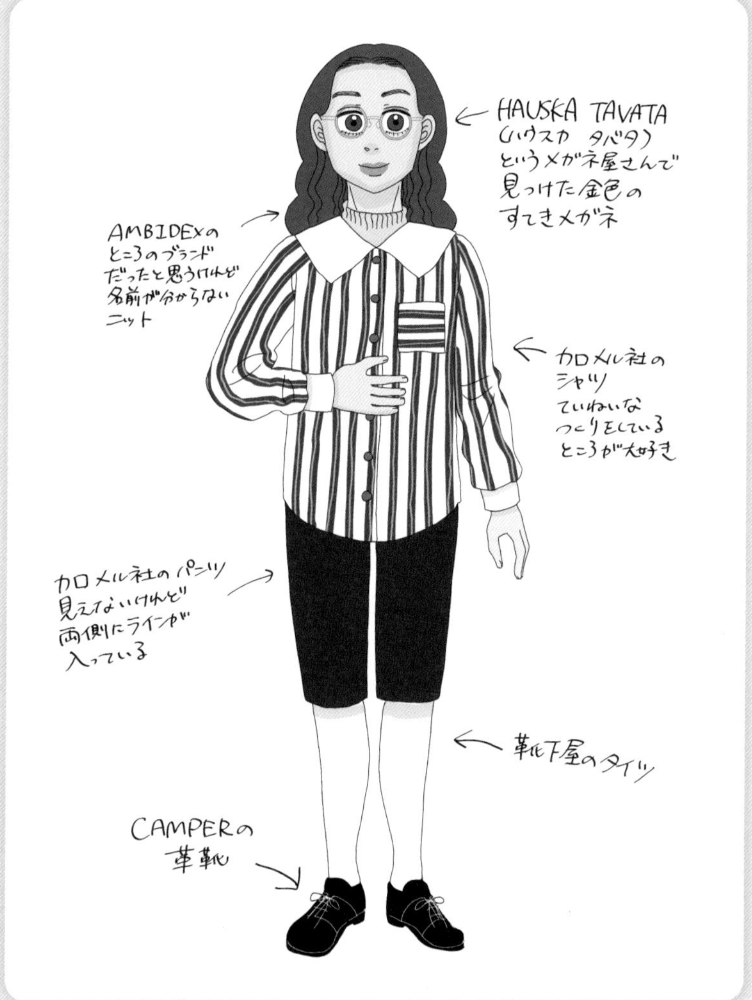

カロメル社さんのお洋服、最高だな……。概念上の少年になりたいとき、魔法をかけてもらったみたいに想像していた通りの装いになれます。自分にあったかもしれない時間を大人になってから取り戻そうとするとき、たとえその姿を誰かが嗤《わら》おうと、その試みの素晴らしさは損なわれません。そんなわけで、お洋服でそれまで欠けていたものを補うようなことをずっとやっている人生になりました。

秋冬

2022.12.09

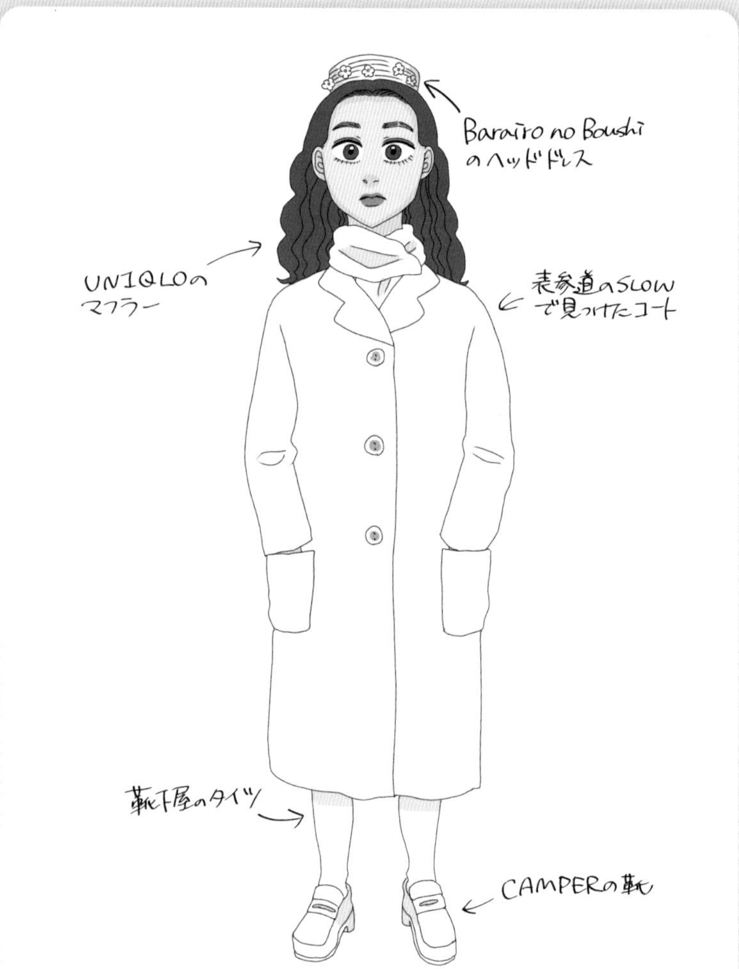
Barairo no Boushi
のヘッドドレス
UNIQLOの
マフラー
表参道のSLOW
で見つけたコート
靴下屋のタイツ
CAMPERの靴

オールホワイトの装いにした日。中には紫ベースの生地に鷹の絵がポイントに入っているワンピースを着ているのですが、外から見るとなにもわからないですね。でもこれ、二本足で歩くタイプの雪だるまみたいなビジュアルで面白くないですか?! 確かこの日は、パートナーと外食をしに隣の駅までてくてく歩いて行った日のはずです。帰ってきてから次の日にするつもりのメイクの練習をしました。

2022.12.17

Moonrise Theater
のバブーシュカ
代官山の
THE BRISKで
見つけた
ケープコート
Physical Dropの
ワンピース
CAMPERの
靴

友達とパートナーと三人でイベントのはしごをした日です。われわれにロリィタというものを教えてくれた友達なので、イベントもロリィタに関連したものになりました。自分の中にあるゴシックロリィタに挑戦してみたいという気持ちと、そもそも魂のかたちがそれに向いていないのではという葛藤の中での、装いとメイクです。それはさておき、まぶたやくちびるをごりごりと暗い色で塗りたくるの、面白いのでぜひお試しください。

秋冬

2022.12.18

首にかけているのは
APOLIAの
首飾り
フェイクファーの
コートは
世田谷の
tahlia store
で見つけたもの
中のブラウスは
原宿の古着屋
(今はもうない)で
見つけました
どこで買ったか
忘れてしまった
パンツ
靴下屋のタイツ
eccoの
ヒール靴

金色のラメ入りのマニキュアを買いに行った日の装い。フリンジ付きのフェイクファーコートを着ていました。パンツは生地がしっかりしているのですが、レースの部分から寒風が入り込み、冬場だとかなり寒いです。中にタイツをはくことでなんとかしています。すごくかわいいのですが、この時期にこの恰好はやっぱり寒い……！ 温かいのと好きな見た目であることが上手く両立してほしい気持ちでいっぱいです。

2022.12.22

表参道の
PASS THE BATON
にて見つけた
黒いベロアの
輪っか
ALICE and the PIRATES
で見つけたブラウス
代官山の
JEANNE
VALETで
見つけた
ベロアのコート
(古着屋さんです)
← 星箱Worksの
リリアンヌ姉妹という
シリーズのドロワーズ
靴下屋の
タイツ
CAMPERの
革靴

クリスマスの日……といっても我が家は通常運行なので、外出したときに街の雰囲気で知る、ということがよくあります。ちなみに、ロリィタにはまってからチークをガンガン入れるようになりました。チークを入れるのに慣れると、どんどんチークを入れる隙間がないかと探してしまいます。この日のテーマは貴族の坊やという設定でした。真冬に短いボトムスで過ごすのはさすがに大変でしたが、好きな装いをすることを優先しました。

秋冬

2022.12.25

星箱Worksの帽子
中に着ているのは
祖母のお下がり
表参道のSLOWで
見つけた三連
ネックレス
今は無き古着屋
にて見つけた
ジャケット
西洋民芸の店
グランピエで
見つけたパンツ
CAMPERの靴

実家に久しぶりに行くときの装いです。お洋服が大好きなのですが、自分が親に好かれるような装いをしているとはこれっぽっちも思っていないため、気を遣って自分の手持ちの中では無難そうな服を選んで帰った……つもりです。無難にしようとして全く無難にならないのは昔からなので、もう諦めました。メイクについてはロリィタのときと比較するとほぼしていないような状態です。自分なりの妥協点。

2022.12.30

Barairo no Boushi
のトップハット
ALICE and the PIRATES
のブラウス
JOURNAL STANDARD
のツーピーススーツ
CAMPERの靴

ヨーロッパやアメリカの映画に出てくるような、うさんくさい登場人物みたいになりたくて、暗めの色でコーディネートを組みました。もちろんメイクも暗くて濃い色を使っています。Barairo no Boushiのトップハットはたいへんに愛おしいのですが、手持ちの服と組み合わせるのが難しくて困っています。紫のツーピースとかスリーピースのお洋服にはすごくピッタリだと思うのだけれど、新規購入につきまして、いかがでしょうか。

秋冬

2023.01.20

作家さんの作品で
百合とリボンが
ついているカチューシャ
MR corset
(現 MAJOH)の
ワンピース
Triple*fortune の
レースブラウス
靴下屋のタイツ
CAMPERの靴

観劇をする日に着ていたお洋服です。この繊細なワンピースは半袖なので、さすがに冬に着るには寒かろうとレースブラウスを下にあわせてみたのですが、レースって風を通すんですよね……。知らなかったなあ。がたがたと震えつつ、できるだけ日に当たって一息つきながら過ごしました。向こう側が透けて見えるレース素材を使って、雪解けを表現した装いということでここはひとつ。

2023.03.01

星箱Worksの
カントリーラビット
シリーズのカチューシャ
星箱Worksの
七色ワルツ
シリーズのブラウス
星箱Worksの
キャンディハウス
シリーズの
ジャンパースカート
靴下屋の
タイツ
CAMPERの靴

ロリィタの道を教えてくれた友達ともうひとりの友達とパートナーの四人でパフェ屋さんへ。ロリィタを着てからというもの「まだ盛れるのでは？」と服や装飾品に対して思いがちですが、もうすでに大渋滞していることが多いのです。この日は首飾りや指輪をもっと足せたのではないかと反省していたように思います。改めてイラストにして見ると「もう十分だしなによりリップが濃くていい色だな！」と感じます。

秋冬

2023.03.15

←HAUSKA TAVATA
(ハウスカ タバタ)
のメガネ
Iam I in fact...
のピンクギンガム
コート
← TSUMORI CHISATO
の白いシャツワンピース
MAISON SPECIAL
のスカート
CAMPERの靴

近所のお散歩用コーディネートなので、メイクをしませんでした。それもあってシンプルになっているはずです。髪の毛をセットする気力もなかったので、ぱぱっと高いところで結い上げてみました。猫や鳩を追いかけながらメンチカツを食べたり、ぼんやり本屋さんや八百屋さんなどのお店を見て回るのは、頭の中のよい掃除になります。ピンクのチェック柄と紫ってとっても合うと思いませんか。かわいいな……。

2023.03.21

UNIQLOの
白Tシャツ
LILY BROWN
で見つけたガウン
BLAUBERG an der KÜSTE
で見つけた白い布に
白い糸で刺繍してある
パンツ
靴下屋の靴下
CAMPERの靴

お世話になっているお店から「パートナーと二人そろって、商品を紹介するためのモデルになってくれないか」と言われて準備した衣装がこちら。季節としては自分の中でぎりぎり冬だったのと、ぴゅうっと風が吹くとそれなりに寒い中、春夏らしい服を準備するのは面白い体験でした。パンツが厚手なおかげで、寒くてどうしようもないということは起きませんでした。このパンツは刺し子の刺繍が素敵なのです。

秋冬

2023.03.30

Barairo no Boushi
のフェルト素材で
つくられた帽子
両サイドのチュールが
素晴らしい
フランス旅行のとき
Fragonardで
見つけたストール
HAUの
ミルク色をした
コート
MAISON SPECIAL
で見つけたリバーシブル
チュールスカート
CAMPERの靴

まだ夏の残り香があるような気候のなか、新しく買った帽子をかぶりたくて秋めいた服装をしました。この装いで香水屋さん・服屋さん・古本屋さん・雑貨屋さんを練り歩いたところだらだらと汗をかくことになり、しかし身に着けているものをとるという選択肢が自分の中にはなかったために、服の中がすごいことになりました。でも譲れないものがここにはあるのですよね。一体なにと闘っていたのでしょうか……。

2023.10.18

ベロアの大きめ
リボンがついた
シュシュ
アトリエKで
見つけた
チョーカー
APOLIAの
首飾り
表参道の古着屋
SLOWにて見つけた
若草色のロングジレ
当時のフルオーダー品
なのかホームメイド
なのかは分からない
Triple*fortuneの
レースブラウス
Tahlia storeで
見つけたベルト
こちらもたしか
表参道のSLOWで
見つけたスカート
靴下屋のタイツ
CAMPERの靴

デパートをうろうろしたときの恰好です。このロングジレは一目ぼれして買ったもので、背中にある装飾用のリボンにたくさんビーズがくっついているところも含めて大好きです。お店の方によると「おそらくオーダーメイドだろう」とのこと。でも、お裁縫が得意ならば自分でも作ってしまったかもしれません。残念ながら自分には裁縫の才能がなかったので、素敵なものを作る方を見つけては追いかけるということをするしかないのです。

Moon Phase Vintage の
ポップアップストアで
見つけた 50'sのコート
COMME des GARÇONS
で見つけたバラで
埋めつくされた
ぶわぶわのスカート
靴下屋のタイツ
CAMPERの靴

この50'sのコート最高に可愛くないですか？ 最高！ 古着ってこういう出会いがあるからやめられないんですよね……。Moon Phase Vintageという、オンライン中心で古着を販売されているお店が原宿でポップアップをやるというので、お目当てのマントを買いに行ったもののその品物はすでになく、しょぼしょぼとしながらお店の中を歩いていたら見つけてしまった逸品です。好き放題に膨らむスカートとも相性抜群。

2023.11.11

BABY, THE STARS SHINE BRIGHTのハーフボンネット
星箱Worksのリリアン姉妹シリーズのショート丈ワンピース
rubyBlossomのドロワーズ
星箱Worksのタイツ
CAMPERの革靴

久しぶりに髪の毛を切りに行ったときの装いです。ハーフボンネットの存在により、完全にアニメーション版『不思議の国のアリス』に出てくるセイウチに食べられる牡蠣の赤ちゃんみたいになりました。下から白いドロワーズを出すことで、ボンネットとのカラーバランスをとり、全体の雰囲気をちょうどいいものにしています。だいたいなんでも上と下に、同じか似たような色が入っているとよい、という私なりのファッション理論です。

秋冬

2023.11.23

Headdresses 頭飾り

頭飾りはあるだけで気分が
ぐっと上がる優れものなのです。
職人さんの繊細な手仕事が見える
という意味でも頭飾りは面白いです。
皆さんも頭に色々のせませんか？

キャノチェ

キャノチェって
カンカン帽と
同じ意味らしいです

エレガントな麦わら帽子

飛行帽

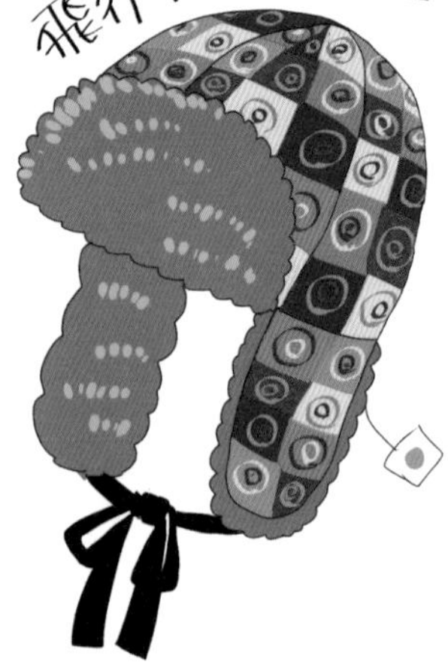

※上の3つは狭義のヘッドドレス
Luxmtraというところの作品
PASS THE BATONで購入したベルベットの謎の輪っか
シンプルなボンネットそうですこれはシンプル…
ベレー帽
トップハット
カチューシャ
●…Barairo no Boushi
●…星箱Works
●…BABY, THE STARS SHINE BRIGHT

バイナリーな社会で労働することの困難

服を得るにはお金が必要です。そのうえ、僕はお金をかけてしっかりと作り込まれた服やモノが大好きです。といっても、僕の持っている本当に高価な品は全て祖母や母から譲り受けたもので、次に手がかかった服飾品は古着屋さんで掘り出したものがほとんどなのですが、それでもお金はかかります。お金を得るには労働をしなくてはなりません。ノンバイナリーであることと労働の問題というのは実は密接に関わっている、ということを、僕の一例からお話しできればいいなと思います。

僕はいまのところ商業雑誌で連載をしている漫画家です。もうデビューしてから五年ほど経ちます。収入についてはとてもいいとは言えませんが、いままで僕がやってきた、いくつかの仕事のなかで一番続いている仕事が漫画を描くことなのです。なぜ漫画を描くことが続いているかというと、ひとりでできることが多いからです。それに他の人間の目に晒《さら》されるのは漫画であって、僕自身ではない、というのも大きいです。それでは労働の内容とノンバイナリーであることは、どのように関連しているのでしょうか？

昔の僕は会社やなんらかの組織に属して仕事をしていく自分を想像することに、これっぽっちも疑問を持っていませんでした。所属した場所で自分が持っている能力を惜しげもなく注《つ》ぎ込み、その代わりに高い収入を得るものなのだと思い込んでいたくらいです。その思い込みは僕が働くはずだった内定先に「規定が変わったために院卒でないと雇えない」と言われたことによって脆《もろ》くも崩れ、体調も崩し、定職につけないまま、日雇い仕事やパートで生活費を捻出する日々を過ごすことになります。精神のバランスをも崩した僕は仕事以外の時間、布団のなかで息をしているだけでも精一杯でした。

そんなとき、パートナーが「漫画描いてみたら？」と僕に提案したところから、漫画を描く作業に没頭していく日々が始まりました。漫画を描くという作業は、閉塞した僕の日常に開いたひとつの風穴でしたから、それを逃がさないようにと必死だったのです。日雇い仕事やパートをしながら漫画を描くなかで明らかになっていったことは、外で仕事をしているときには、僕は乱暴に二つに分けられた性別のどちらかであるふりをしなくてはいけないという現実でした。それでも漫画を描いているあいだは、誰も僕の性別を探ってこないし、ぎょっとした目を向けることも、いぶかしげな顔をすることもないのです。このことは、だいぶあとになってからやっと気づいたことで、当時は言葉にすることはできずにただぼんやりと不快感を抱えたり、不思議に感じたりするばかりでした。

いま振り返ると、どんなにいい職場であっても僕の性別を勝手に決められて、その性別に与えられがちな役割《ジェンダー・ロール》を求められると、鬱々《うつうつ》とした気持ちになってしまい、長続きすることはありませんでした。漫画以外で一番続いた仕事は美術館の監視員のアルバイトで、それが続いたのは仕事中ほとんどずっと作品たちとそれらを眺める人間を眺めながら、白線よりなかに入らないようにとか作品に手を触れないように注意するとかそういった、僕がどんな性別だったとしてもできると思われるような仕事内容だったからだと考えています。もちろんそうではない場面もありましたが、他の仕事と比べればほんの少しでありました。仕事のために着る服も上が白で下が黒の、清潔感のある服装であればよいとされており、そこもよかったのかもしれません。その職場は賞に出す漫画を集中して描きたいからと伝えて円満に退職しました。
しばらくして漫画を仕事として描くようになり、僕は堂々と家にこもるようになりました。編集者さんには会うとしても月に一回程度で、それ以外はメールや電話でやりとりをします。漫画の世界のなかで、僕の性別のあり方は漫画の材料にはなっても、笑われたり、ありえないと言われたりすることはありませんでした。もちろん素晴らしい編集者の方々に恵まれたという幸運はありますが、そもそも編集者さんにとっては僕の漫画さえあればいいわけで、僕の性別がどうとかそういうことは特に大事なことではないのです。外で仕事をしていたらそうもいかない場面が多いはずで、それを考えると、外で会社などに勤めているようなノンバイナリーの方々はどれほどのストレスを抱えているのだろうかとよく考えます。
友人や知人にもフリーランスとして働いているノンバイナリーはそれなりに多く、そして会社員などの形態で働いているノンバイナリーたちが体調を崩している様子を目にするたびに、この社会のなかでノンバイナリーが自分の性別のあり方と付き合いながら自分を蔑《ないがし》ろにすることなく／他者に蔑ろにされることなく生き抜くことにつ

秋
冬

いて、ついつい思いを馳《は》せてしまいます。不要な性別欄をなくすこと、性別を決めつけて話しかけることをやめること、性別で仕事の内容を変えないこと、外部から決めつけられた性別で給料が減ったり増えたりしないこと、他にもやれることはたくさんあるはずです。誰もがお金の心配をすることなく、そして労働をするなかで不必要に削られることなく、好きな服を好きなように身に纏《まと》えるようにといつも願っています。

特別な日

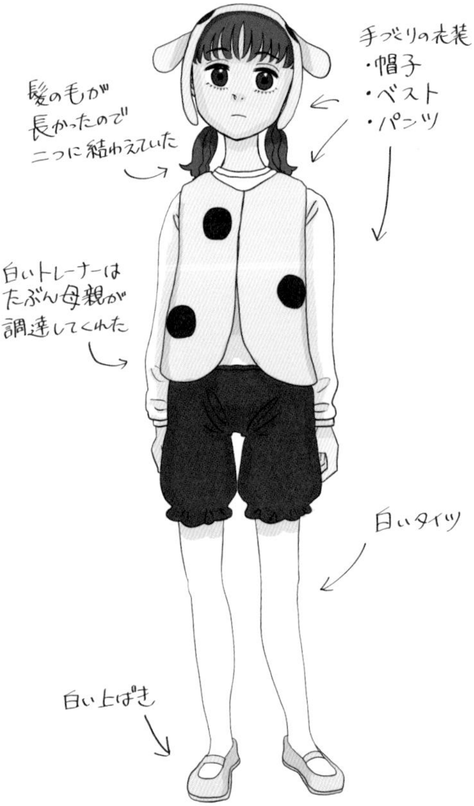
手づくりの衣装
・帽子
・ベスト
・パンツ
髪の毛が
長かったので
二つに結わえていた
白いトレーナーは
たぶん母親が
調達してくれた
白いタイツ
白い上ばき

幼稚園の年長のときに『オズの魔法使い』のお芝居をやりました。作中に出てくる主人公の飼い犬“トト”を演じるにあたって身に着けた衣裳です。昔からままごとでも人間の役を選ぶことは少なく、たいていの場合はペットの役割を選択していました。今思うと男性でも女性でもない誰かになれる場所を求めていたのかもしれません。「わんわん、怖いよう」が作中唯一のセリフ。こげ茶色のかぼちゃパンツがいい感じです。

1998

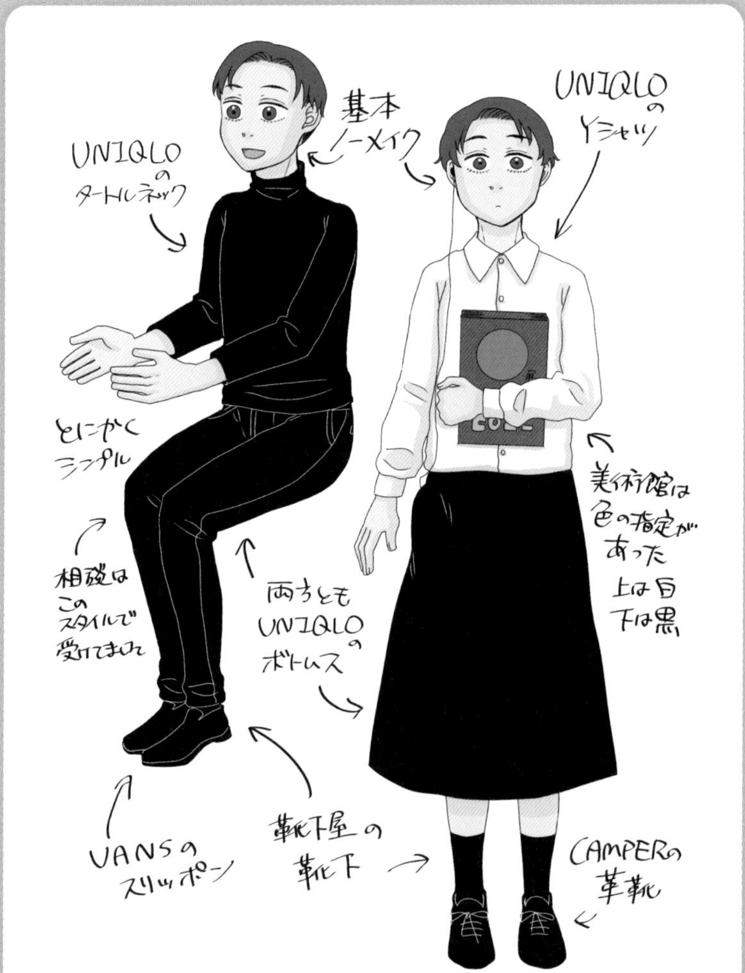
基本ノーメイク
UNIQLOのタートルネック
UNIQLOのYシャツ
とにかくシンプル
相談はこのスタイルで受けてました
両方ともUNIQLOのボトムス
美術館は色の指定があった 上は白 下は黒
VANSのスリッポン
靴下屋の靴下
CAMPERの革靴

漫画の仕事が入るようになるまでは、こまごまと働いていました。某有名キャラクターのコンサートの手伝い、健康診断の健康相談員、美術館の監視員、などをするなかで、埋没する必要性を感じて仕事のための制服を自分で編み出すことに。白や黒のみでまとめるシンプルな装いを選んでいました。ある日全身黒統一し、タートルネックを着て出勤したら「副業って陶芸家ですか？」と訊かれて面白かったです。

インナーは
UNIQLOの
ヒートテックを
そのまま
着ています
H&Mの
2013年の
コレクションライン
ジャケット
刺繍がいけてる
昔 表参道にあった
PASS THE BATON
にて見つけた
KENZOのパンツ
(古着)
どこで買ったか
忘れてしまった
パンプス

パートナーと大学在学中にいろいろとご縁があって結婚式を挙げたときのお色直しの衣装。血縁者だと姉だけが参加してくれた式でした。衣装と言っても普段から着ているので衣装もなにもないと言ってしまえばそう……。KENZOのパンツは実は後ろに虫食いの跡があって、どこかでお直しに出そうと思っています。シルエットが美しい。ジャケットは刺繍モリモリなのでテンションが上がります。

2013.11.09

作家さん
手作りの
蝶ネクタイ
UNIQLOの
白いYシャツ
めちゃくちゃ
安くなっていた
JOURNAL
STANDARDの
ウールの
ツーピーススーツ
西洋民芸の店
グランピエにて
購入した
インドの型染め
ハンカチーフ
2016年12月10日
友人の結婚式にて
服は同じで髪型が
違う
CAMPERの
革靴

友人の結婚式で着たもの。冠婚葬祭で着たい服があるときは、面倒ではあるけれど「どんな服着ていっても大丈夫？」と先方に一言伝えておくようにしています。今のところは全部OKをもらっているし、むしろ、あなたらしい服を着てきて、というありがたいお返事をもらっています（そういう友達のところにしか呼ばれていないからかもしれない）。

特別な日

2018.10.27

メガネは
HAUSKA TAVATA
(ハウスカ タバタ)
というメガネ屋さんで
手に入れた iO という
イタリアのブランドのもの
金の丸ぶちメガネ
どんな服にでも
合います(本当)
ヘアアレンジは
南青山の
ESPERさんに
お願いして
ふわっふわに
してもらいました
GROSSEの
ピアス
じゃらじゃらして
かっこいい
フリルがポイントの
シャツは表参道の
SLOWで見つけたもの
(古着)
ブラックフォーマルの
ツーピーススーツは
FABRIC TOKYOで
オーダーしたもの
きちんと身体に
合わせて作ってもらった
だけあって着心地は
ばつぐん…!!
CAMPERの
革靴
2021年10月31日の
友人の結婚式での
髪型はこんな感じ
グリースでがちがち

姉の結婚式で着たもの。服と髪と化粧に気合いを入れすぎて、両親や親戚、その他の参加者から驚きの目で見られたのを新鮮に思い出しています。姉は気に入ってくれていたみたいなので大丈夫。このとき初めてオーダースーツを作ったのですが、自分の身体に合う服って単純に気持ちがいいので機会があったらご検討ください……。

2020.02.24

無印良品の
黒いタートルネック
ざくざく着ていた
西洋民芸の店
グランピエで
手に入れた
"ケリア"という
インドの服
同じ形で
ミルク色の
ケリアも
家にある
こちらも
西洋民芸の店
グランピエの
イベントで買った
パンツ
CAMPERの
革靴

パートナーと箱根の温泉旅館に行こう、というときの服がこちら。ケリアと呼ばれるこの服は、ボタンの代わりに紐を結んで前をとじます。前をひらけば涼しいので、気温が変わりがちな場所への旅行には最適な服と言えましょう。洗濯をするたびに紺色の生地からいい感じに色が落ちていきます。下にはいているパンツも紐で調整するところが多い服なので、靴も含めて紐だらけの装いになりました。

特別な日

2022.03.29

靴下屋の
ラメ入りの
靴下を
履きました
ちらっと見えて
かわいい
← Barairo no
Boushi の
シルクハットです
"Dame nature"
母なる大地と
リボンや帽子の
ふちに描いてある
パートナーのドレス
ウエディング→
ドレスは
原宿の curious
というヴィンテージ
のお洋服を扱う
お店で買いました
歩くとちょっと
パンツスタイル
みたいにも
見えるところが
お気に入りです
CAMPERの
白い革靴

自分たちが選んだ最高のウェディングドレスを身に着けた姿を残しておきたいね、ということで、写真家の宮本七生《ななみ》さんにお願いして撮っていただいたときの装いです。ドレスでありながら、性別がわからないような、そんな雰囲気を感じて、とても気に入っている一着です。首元と袖はレースになっていて、いい感じに透けてくれます。当日は花が咲き乱れる公園で撮影してもらうことができました。

2022.05.25

星箱Worksの
シャンティクリーム
リボン
大きいリボンが
頭にのっていると
えらく元気が出ます
整髪料で
くるくるの髪を
さらにくるくるに
星箱Worksの
パステルスフレ
コットンレース
タブリエ
まるで呪文のよう
星箱Worksの
リリアンヌ姉妹
というシリーズの
ワンピース
CAMPERの
革靴
靴下屋の
リブタイツ

この年の8月に星箱Worksというロリィタブランドに出会って道がひらけたと言っても過言ではありません。リリアンヌ姉妹シリーズのアイボリーカラーのワンピースに一目ぼれしたときに運命は決まりました。その後、様々なアイテムを得て、ここまで辿り着いた図です。私なんかがロリィタを着てはいけないのではないか、という呪いが解けました。楽しい世界に連れてきてくれた友人よ、ありがとう。

特別な日

2022.12.23

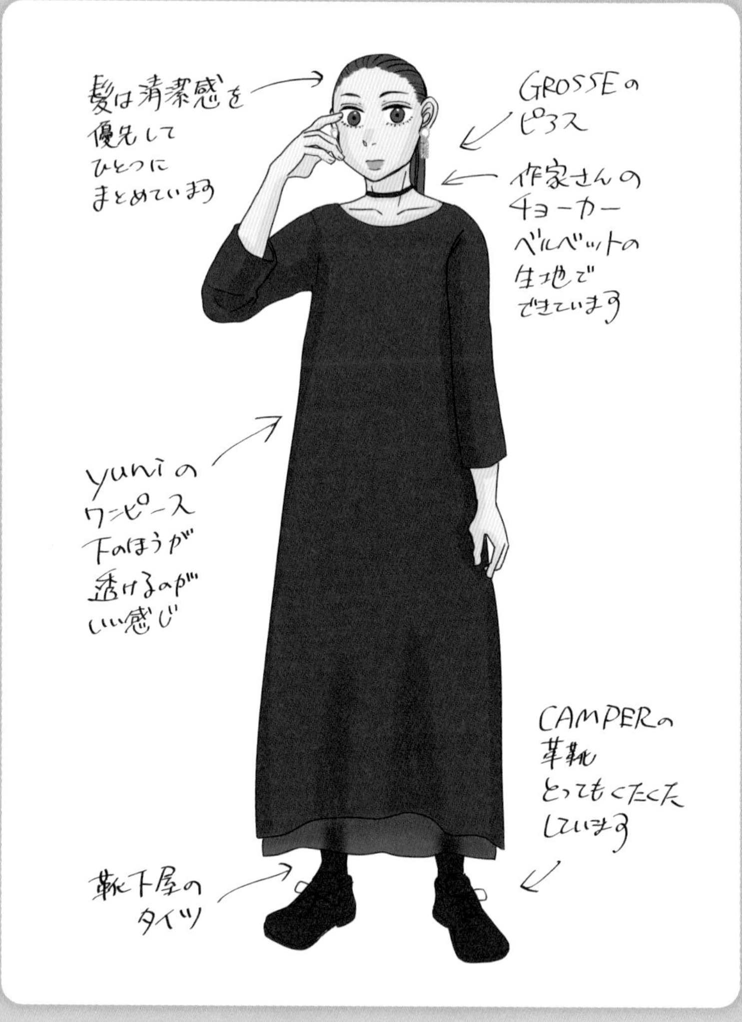
髪は清潔感を
優先して
ひとつに
まとめています
GROSSEの
ピアス
作家さんの
チョーカー
ベルベットの
生地で
できています
yuniの
ワンピース
下のほうが
透けるのが
いい感じ
CAMPERの
革靴
とってもくたくた
しています
靴下屋の
タイツ

父方の祖父たちとの食事会に着ていったお洋服がこちら。頑張って「普通」のお洋服を着ていったつもりだったのですが、今考えるとチョーカーをつけている時点で違う気がする。この服は、元々いとこの結婚式で無難な服を着るつもりで嫌々買ったものだったけれど、結構使いやすいなと気がつきました。最近では喪服にも使えるのではと思っています。下の層がいい感じに透けるシフォン生地になっているのがポイント。

2023.03.25

HAUSKA TAVATA
(ハウスカ タバタ)
というメガネ屋さんで
手に入れたRES/REI
というブランドの
クリアカラーなメガネ
イタリアのもの
祖母から
もらった
ゴールドの時計
表参道の古着屋
SLOWにて
見つけたドレス
ウエストのところの
フリルがgood
ゴールドのラメ入り
マニキュアを
直前に塗った
靴下屋で買った
ラメ入りのシアーな
靴下
eccoの
スポーティーな靴

特別な日

『よるべない花たちよ ～for four sisters～』という連載漫画が無事に終わったということで、お世話になった編集者さんたちが打ち上げを企画してくださいました。自分が主役のパーティだ！と思ったので、服に気合いを入れて行きました。このちょっと前に最高な眼鏡を買ってしまったのもあり、それに合うようなコーディネートで。先方はこちらのジェンダー・アイデンティティを知っているので気楽でした。

2023.09.06

部屋着 Loungewear

部屋で着る服はたいてい自分にとって
寝間着兼作業着でもあるのだけれど、
ときにはさまざまな面倒をえいやっと
乗り越えてでも着たいものがある。
部屋着、美しくあるのが難しいですよね。

このカーディガン
オールシーズン
着ています
冬も夏の冷房
にもこれで
負けない…!!
大学生のころオランダで
買った古着のカーディガン
くったくたになっているわ
穴はあいているわで
すごく日常みが強い
部屋(でしか)着(れない)
袖から親指が
にょっきりと
生えてくることも
しばしばあります
中にはグレーや紺の
スウェットを着て
いることが多いです
なんだかんだ
ゴミ置場
くらいまでなら
この格好でも
たーーっと
行っちゃいます

ミッフィーの
部屋着を
パートナーの
お母さまから
いただいた
グレーも
ある
tsumori
chisato
のレギンスも
プレゼント
HAUSKA TAVATA
（ハウスカ タバタ）
にて手に入れた
仕事用メガネ
めちゃくちゃ
軽い!!
日本のブランド
中国から
輸入した
部屋着
レースと
フリルが
良い
着る毛布
冬場は
寒くて動けないので
右ページのカーディガンの
上にまた着てます
ドラッグストアで
買ったシュシュ
これは部屋の外
にも連れていきます
もこもこルームシューズ
越冬できる環境を
ありがとう…

特別な日

僕／私に、まだ自分を表す「言葉」がなかった頃の話

初めて性別違和を感じた高校生のときから「ノンバイナリー」という言葉を飲み込んだ数年前まで、私はずっと迷子であったように思います。自分の性別が自分でもよくわからず、クローゼットから取っ替え引っ替え、服を取り出してはああでもないこうでもないと、不安と苛立《いらだ》ちを募らせていました。男性にも女性にもなることができず、宙ぶらりんの状態でいることは、一見自由なようでいて名前がついていないぶん不自由で、長らくこの世に私と同じような感覚を持つ人間はひとりもいないのだと考えておりました。

その頃にはすでに「Xジェンダー」という言葉は存在しており、一瞬私もそこに入れるのだろうかと考えたこともありましたが、当時のあの言葉には現在の私が自分を語るにあたって大切にしている流動性という概念がなく、自分の居場所となる言葉だ

とは思えませんでした。また、そのときのインターネット上にいたXジェンダーたちによく見られたファッションの傾向もまた、私にとってはしっくりこないものでした。具体的には色数が絞られ、黒が多めのモノトーンの配色を基調とし、シルバーのアクセサリーを身に着け、ストリート系かモード系のいわゆるジェンダーレスなファッションをしていた人が多かったように思います。その頃の私はすでにいまと同じようにゴールドのアクセサリーを好み、色数が多い服ばかり着て、身に着けるものは常にロマンティックな雰囲気のものを求めていました。

ファッションの傾向ひとつで自分の性別はこれじゃないのではと感じるなんて、と思う方もいるかもしれませんが、他の人にとっては些細かもしれないことが私にとっては重要なことなのです。自分と似たような人が見つけられないことによって、私にとってはXジェンダーのコミュニティは自分のためには存在していないのだと感じられました。だから「Xジェンダー」というラベルを選ばないことにしたのです。たとえ自分の性別が宙ぶらりんの状態のまま、先の見えない暗闇のなかで歩き疲れてくたびれ果てていたとしても、です。私は自分の手で一夜の宿を払いのけました。私がファッションを多数派に寄せてコミュニティに馴染むという手もあったのかもしれませんが、あのときはそうするよりも、自分が着たいものを着たいように着ることのほうが大切でした。それはいまでも変わりません。

それからしばらくは服を使ってそのときどきの自分の内側を宥《なだ》めることを繰り返していましたが、ある日インターネットで「ジェンダーフルイド」という言葉に出会い、やっと蜂《はち》の巣を見つけた空腹のこぐまのようにその言葉に吸い寄せられていきました。そのときはまだジェンダーフルイドという言葉は新しく認知されたばかりだったようで、英語圏にしかその言葉についてのウェブ上の辞書はない様子でした。そのうえ、辞書の定義もその時点では「男性だと感じる日もあれば女性だと感じる日もある人を指す」という限定的な内容のものでした。もちろん男性でも女性でもないと感じている私にとっては不足を感じる文章で、これと私のあり方はちょっというかだいぶ違うんだよな、と思いつつ、しかしそのときどきによって性別の在り方が揺れるという考え方が辞書のなかに存在することに興奮を覚えました。

ジェンダーフルイドという言葉に反発を覚えながらも惹かれてしばらく経ったとき、今度はインターネット上に「ノンバイナリー」という言葉が出てきたのです。男性でも、女性でもない、あらゆる者たち。これは、もしかして、ジェンダーフルイドの概念と組み合わせて使うと私のことなんじゃない？　と思って、静かに、そっと、ノンバイナリーという言葉に近づいていきました。なぜ控えめに近づくことにしたかというとジェンダーフルイドという言葉に出会ったとき、〝性別は揺れることがある〟という概念が私にとってあまりにも魅力的すぎたために、男性か女性かの二択しか提示していない辞書の文章に引っ張られて、私も本当は男性と女性とを行き来しているのではと早とちりしたことがあったからです。いまならそんなことはないとはっきり言えるのですが。

言葉との出会いについてはある程度思い出して再現できますが、そのときの自分の反応については思い出すことがとても困難です。なぜなら私はそのとき、自らの性別にまつわることについての混乱の渦中におり、しかも心身ともに限界がきていて、どんな言葉を自分が使っていたのか忘れてしまったところも多いためです。言葉を獲得するまでに何度も自分のことが理解できずに泣いた時間がありました。しかも、これらの言葉を知ってからも、自分のものにするために何十時間も自分自身やパートナーとやりとりを――いいえ、もっと長い時間を使ったような気もします。そして眠れない夜は自分のなかに潜《もぐ》ってはその感触が本物なのか確かめ続けました。ここまで書けば、私が歩いた困難な道のりも少しは伝わるところがあるでしょうか。

いまではノンバイナリーかつジェンダーフルイドであると堂々と言うことができます。しかし、それはあくまでも〝暫定的《ざんてい》に〟です。なぜなら、性別というのは岩のように動かないように見えても、日々の暮らしのなかで移り変わることがままあるのだと理解できるようになったからです。固定していなくてもいいし、執着しすぎなくてもいいし、いまわからないのなら〝わからない〟という棚に置いておいてもいいのです。

「自分を定義する言葉に出会う前の〝悩み〟を書いてほしい」とこの文章を書く前に言われましたが、実際に書いてみると結局はそれぞれの言葉に出会ったときの話をしていました。言葉に出会う前というのはもやもやとしていて漠然とした不安があったり、自分の居場所がないような虚無感に苦しんだりすることが多いのではないかと思っていて、自分を表す言葉が見つかっていないぶん、その体験を言葉にして記憶しておくことがひどく難しいように思います。むしろ、自分を表してくれるかもしれない言葉に出会ってからのほうが、その言葉に対して湧き続ける疑問や自身とのずれなどを自分のなかでひとつひとつ言葉にするために記憶に刻まれていくのではないでしょうか。少なくとも私はそうでした。

性別やセクシュアリティを表す言葉たちはラベルであると言われることがあります。ラベルが一度貼っても再び剝《は》がせるように、性別もまた、あなたの納得がいくまで考え続けることができます。疲れたら、少し休んで、そして必要ならまた考えてみてください。そして周りを見渡してみると、案外ひとりだと思っていたところに、似たような、でも少し違う誰かがそっと立って、微笑《ほほえ》みかけてくれているかもしれません。

おわりに

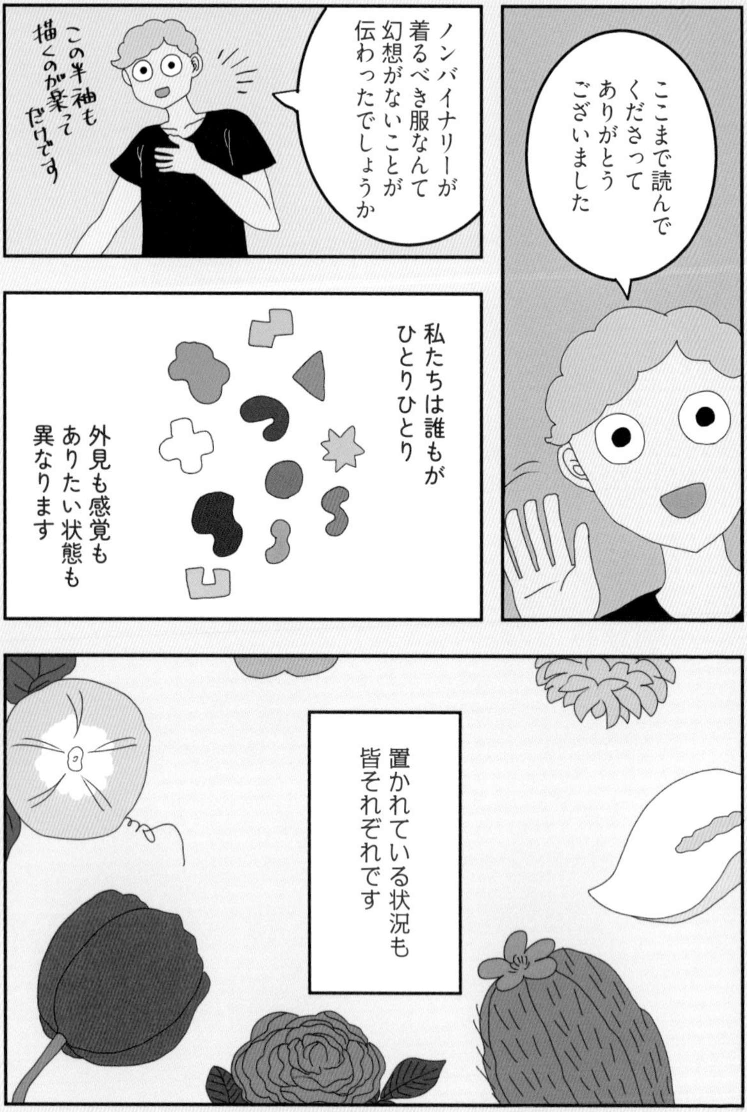
ここまで読んで くださって ありがとう ございました
ノンバイナリーが 着るべき服なんて 幻想がないことが 伝わったでしょうか
この半袖も 描くのが楽って だけです
私たちは誰もが ひとりひとり
外見も感覚も ありたい状態も 異なります
置かれている状況も 皆それぞれです

着たとしたら
無敵な気持ちに
なれる服も
着たいのに
着られない服も
あるでしょう
なにも
着たくない
ということも
あるのかも
少なくとも
僕は無敵になれる
服を探していて
きょろ
きょろ
そのときの自分に
一番しっくりくる
服を見つけるために
たくさんの時間を
割いています

服にこだわるなんて愚かだと思う方もいるかもしれません
おろか
でも皮膚の上に一枚すてきなものがのっているだけで
この世を投げ出さずに済むなら安いものです
私はしばしばこの世から消えたくなるときがあるので
ぱっ
衣服で自分を守れなかったなら早々に死んでいたとも思います
ほんとに

この本は題名こそ〝ノンバイナリースタイルブック〟ではありますが
Nonbinary Style Book
僕自身がしてきた死なないための工夫の記録なのです
「生存」
あなたにこれがノンバイナリーの正解の服ですと
伝えるための本ではありません
私とあなたは違う者なので
僕のしてきた工夫があなたには使えないこともあるはずです
工夫
ただこの楽しくも苦い道のりが
新たな発見や喜びを生むことを願っています

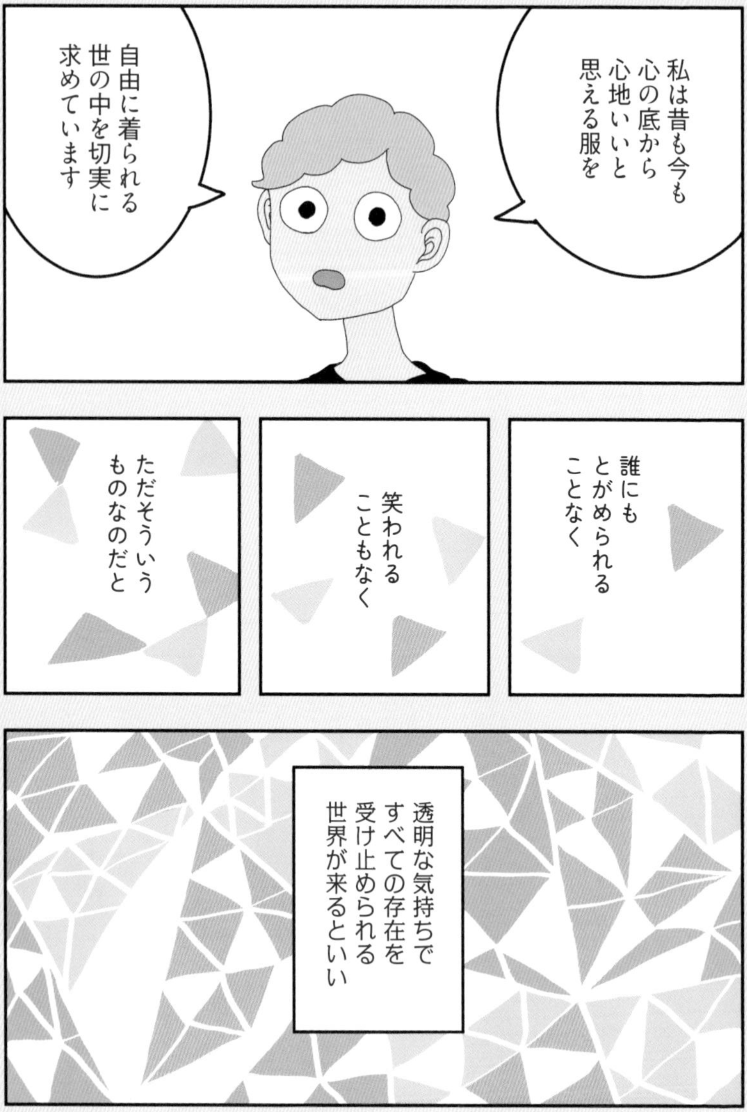

私は昔も今も心の底から心地いいと思える服を
自由に着られる世の中を切実に求めています
誰にもとがめられることなく
笑われることもなく
ただそういうものなのだと
透明な気持ちですべての存在を受け止められる世界が来るといい

その世界は
きっと
誰にとっても
今よりずっと
良い場所でしょう

山内 尚

やまうち・なお

漫画家。エレガンスイブで連載していた『よるべない花たちよ ～for four sisters～』が上下巻ともに2024年1月に電子単行本で発売。『クイーン舶来雑貨店のおやつ』『魔女の村』も電子単行本で発売中。『われらはすでに共にある――反トランス差別ブックレット』（現代書館）にエッセイを寄稿、装画も担当している。2024年3月、パートナーの清水えす子と共に『シミズくんとヤマウチくん――われら非実在の恋人たち』（柏書房）を刊行。

ノンバイナリースタイルブック

2024年4月10日　第1刷発行

著者　山内 尚
発行者　富澤凡子
発行所　柏書房株式会社
東京都文京区本郷 2-15-13（〒113-0033）
電話（03）3830-1891［営業］（03）3830-1894［編集］

装丁　髙井 愛
印刷・製本　中央精版印刷株式会社

ISBN978-4-7601-5558-3